I0455575

Pier Pietro Brunelli

"Trauma da Narcisismo" nelle relazioni di coppia.
Ipotesi per una nuova diagnosi

Il narcisismo patologico e la ferita narcisistica
nel 'vampirismo affettivo'.

Questo libro nasce in seguito all'articolo
di grande diffusione e successo
"Bugiardi, Ipocriti, Manipolatori Affettivi. Saperne di più per
potersi difendere!" in <u>www.albedoimagination.com</u>
Il blog della nuova alba. Forum e aiuto-aiuto on line + informazione specialistica – oltre 100.000 visite ogni anno.

Edizione aggiornata e originale.

L'unica che non è stata 'vampirizzata' da altri
autori che ne hanno diffuso i concetti base,
senza autorizzazione e spesso travisandoli.

Pier Pietro Brunelli ©

Trauma da Narcisismo nelle relazioni di coppia.
Ipotesi per una nuova diagnosi.

 Prima Edizione a cura del Collettivo Culturale
Albedo per l'Immaginazione attiva – Milano 2011
www.albedoimagination.com

ISBN 978-1-4477-6330-7

Nuova edizione aggiornata 2016

In copertina fotografia dal film di Ingmar Bergman *Gaslight*

INDICE

REPORT p.55

da www.albedoimagination.com forum e aiuto-aiuto on line + informazione specialistica – oltre 100.000 visite in un anno.

Bugiardi, Ipocriti, Manipolatori Affettivi. Saperne di più per potersi difendere!
Il narcisismo patologico e la ferita narcisistica
nel 'vampirismo affettivo'.
(migliaia di commenti on line).

Introduzione
Le raccomandazioni e le avvertenze non sono solo importanti,
sono fondamentali.
p.58

Prima parte
La metafora della vampirizzazione affettiva
p.65

Seconda parte
L'ipotesi diagnostica di Trauma da Narcisismo (TdN)
Pg.74

"Commento 21" IL VAMPIRO INTERIORE p. 93

Bibliografia p.104

Monito contro i plagiatori e i falsi cacciatori di vampiri a scopo narcisistico o di psicosciacallaggio

Molte persone - con titoli professionali e - hanno diffuso con pubblicazioni on line e cartacee e attraverso blog o social network i concetti qui pubblicati. **Dalle prima pubblicazione 2010/2011 sono nate in rete oltre 10.000 pagine (per verificare basta cercare in vari modi "TRAUMA DA NARCISISMO").** Di ciò sono davvero molto contento, conferma ancora una volta che questo libro ed altri articoli sono stati per molti illuminanti.

Il problema però è che spesso i miei testi sono copiati a casaccio o di sana pianta, o trasformati a piacimento (senza alcuna autorizzazione). Alcuni li hanno travisati e li hanno adoperati per edificare una loro immagine professionale spacciandosi come detentori esperti di conoscenze diagnostiche dl Trauma da Narcisismo e specialistiche terapie. Altri hanno cambiato il nome, ma hanno più o meno copiato le mie ricerche. In certi non hanno neppure segnalato il mio nome, in altri lo hanno fatto apparire di secondo piano, quasi che fosse del tutto relativo rispetto alle loro ricerche. Oppure è stato scritto che io casualmente, per 'serendipità, mi sarei occupato di ricerche simili alla loro, e che comunque sarebbero state precedenti alle mie…
Si tratta di una massiccia vampirizzazione intellettuale della quale mi spiace molto dato l'argomento trattato che invece implica il rispetto delle energie altrui,

nella vita amorosa, come in quella lavorativa ed intellettiva. Di ciò è facile rendersi conto gettando uno sguardo in rete. Addirittura c'è un tale che ha dato il nome ad un suo libretto copiando quasi del tutto il sottotitolo del presente libro, facendo il riassunto (fatto malissimo) dei concetti proposti qui e nel blog e poi lo vende on line anche in altre lingue (ha poi inserito varie fonti senza mai citare ciò che ho scritto io!!!).

Ma il plagio e la vampirizzazione come danno a chi scrive, in fondo poco importa, quello che importa è il danno che si va a fare a voi come lettori, o come interlocutori di chi adopera certe mie ricerche senza che sappia veramente su cosa sono fondate (decine di anni di miei studi ed esperienze). Perciò non sanno come usarle veramente e possono fare danno.

In tal senso **diffido coloro che in modo plagiante ed abusante impiegano le mie idee e teorie. Approvo invece chi vuole diffonderle avendo cura di informarmi e di citare correttamente il mio lavoro.** Inoltre mi rendo disponibile a confrontarmi con stima con chi vuole collaborare con me, e mi procurerò di valorizzare tale collaborazione per quanto mi sarà possibile.

Certo è normale che in rete i concetti vengano diffusi ed elaborati, tuttavia trattandosi della salute psicologica sarebbe stato normale anche contattarmi e avere uno scambio di idee, per il quale ho sempre espresso massima disponibilità.

Purtroppo ho dovuto constatare che soprattutto laddove non sono stato contattato, ma solo vampirizzato intellettualmente, vi è spesso stata la tenden-

za ad assumere atteggiamenti narcisistici e di psico-sciacallaggio, incoraggiando vittimismo e colpevo-lizzazione come modalità generalizzata.

ATTENZIONE! Questo libro come altri miei scritti sull'argomento è pieno di raccomandazioni fondamentali. In primis va ricordato che non è giusto proporre approcci che sono sempre e solo colpevolizzanti di un partner e che considerano l'altro solo come vittima. Ciò non è tera-peutico, e va specializzato che non sempre è vero. Cia-scuno deve assumersi le sue responsabilità psicologiche. Io lo sostengo al punto tale da sottolineare più volte la fi-gura metaforica del 'vampiro interiore' quale complesso interno alla presunta vittima che la porta a colludere col-posamente con il partner vampirizzante. Poi fino alla noia non mi stanco mai di ricordare che si tratta di metafore da utilizzarsi secondo un orientamento junghiano e che per quanto possano essere riferite alle persone, si sta parlando in realtà di complessi e di dinamiche psicologiche pro-blematiche, per cui non va mai confuso il peccato – se così vogliamo dire – con il peccatore. Ma su queste avver-tenze e molte altre, molti siti internet e libri che si servo-no dei concetti qui proposti (talvolta come mero plagio, non mettendo il mio nome o facendolo apparire in sordi-na come del tutto secondario), non fanno chiaro riferi-mento. In tal senso divulgano concetti e approcci fuor-vianti ed errati, dai quali mi dissocio seppure in qualche modo vengono riferiti al sottoscritto.

Tutti i colleghi e altri autori che vogliono contattarmi, anche on line – tutti i miei scritti e riferimenti sono pub-blici – possono farlo. Ho sempre invitato a farlo. Solo co-sì, dopo uno scambio di idee reciproco e una verifica sulle intenzioni, io potrò dare la mia approvazione (ed anche ricevere la loro) affinché certe mie ipotesi e conclusioni vengano impiegate con la dovuta cura, per una questione di ricerca, ma anche soprattutto nell'interesse dei lettori non specialisti e dei possibili pazienti.

Nonostante tutto, come ho detto all'inizio, è stata una soddisfazione che i concetti da me proposti, così come ad esempio quello di Trauma da Narcisismo (la cui sigla è TdN) siano stati ripresi da decine di migliaia di pagine on line, e che nella maggior parte dei casi lo scopo era quello di promuoverne la diffusione per motivi benefici e non speculativi.

Ringrazio dunque tutti coloro che hanno agito in tal senso, e tutte le migliaia di persone che dal 2010 ad oggi hanno partecipato al blog:
www.albedoimagination.com Il Blog della nuova Alba, dal quale è nato questo libro, ed anche il recente libro che lo completa: ***Amori distruttivi e vampirizzanti. Come difendersi e come uscirne, Manuale di auto-aiuto psicologico-corporeo-sociale-spirituale***, Lulu/Albedo, 2015 (al momento reperibile on line)

Introduzione.
TdN ipotesi per una nuova diagnosi.

In questo testo non intendo tentare di riassumere l'immensa letteratura psichiatrica e psicodinamica intorno alla nozione di "Trauma
psichico", e neppure di compiere lo stesso tentativo a riguardo del
narcisismo, che sia sano o patologico. Dunque, nello specifico, in
questa sede, il mio intento è quello di proporre una nuova ipotesi
diagnostica "Trauma da Narcisismo" (TdN che può corroborarsi
sulla base di recenti osservazioni circa la *Narcissism victime Syndrome*
(Vaknin, S 1999-2007), denominazione che negli ultimi anni sta
raccogliendo un grande interesse negli USA, anche da parte del
pubblico di autori non specialisti, e che trae particolari fondamenti
teorici nella concezione elaborata da Kernberg di "Narcisismo maligno" (Kernberg, 1989; 2003; 2004 – vedi anche Hurlpert, 1992).
Vedremo più avanti perché preferisco non accettare completamente una pura traduzione in italiano, o in altra lingua della 'etichetta
diagnostica' anglofona sopra citata, la quale pone l'accento sulla parola 'vittima' (soprattutto perché implicitamente evoca il 'vittimismo'). Qui adopereremo questa parola solo in senso figurativo, anche se, effettivamente, il Trauma da Narcisismo implica una 'vittima', essendo provocato da una persona ad un'altra persona
nell'ambito di una relazione affettiva (in particolar modo di coppia),
dando luogo ad una vera e propria sindrome, riferibile in termini
sintomatici al PTDS Disturbo Post Traumatico da Stress, o più
specificatamente al SAS *Sexual Abuse Syndrome* . In particolare tra il
TdN e la SAS possiamo individuare alcune analogie, aventi lo scopo, per ora di evidenziare alcune similitudini tra differenti campi e
fattori diagnostici. Quindi, se nella SAS l'evento o il processo
traumatizzante riguarda la manipolazione dei sentimenti dei bambini ad opera di un adulto per ottenere gratificazioni sessuali,
nell'ipotesi del TdN si tratta di un adulto (narcisista patologico) che
attraverso la sessualità si serve di un partner sessuale per trarre ma-
nipolatoriamente gratificazioni narcisistiche patologiche e altre possibilità di sfruttamento sul piano di realtà. Con ciò non intendo individuare sin dall'introduzione una specificità o una definizione del
TdN, ma solo fornire al lettore specialista un primo inquadramento
circa una possibile forma della patogenicità del narcisismo patologico nelle relazioni affettive di coppia.

Assai interessanti per un ulteriore inquadramento dell'ipotesi del TdN sono le seguenti affermazioni di N. Lalli, il quale considera il narcisismo patologico all'interno di una cornice borderline, entro la quale si specifica come una "dispersione dell'identità" altamente disturbante nelle relazioni oggettuali idealizzate. Dice Lalli:

La manifestazione relazionale più evidente di questa dispersione dell'identità è la divisione degli oggetti esterni in totalmente buoni e totalmente cattivi, con la concomitante possibilità di oscillazioni estreme di tali vissuti, sullo stesso oggetto. Questa rapida, continua, iterativa oscillazione spesso determina nell'oggetto relazionale un vissuto di confusione e di caos. E' quello che io definisco come tendenza a far impazzire l'altro (Lalli, 2003:8-9).

Il tentativo qui proposto come ipotesi di TdN consiste nell'individuare una diagnosi relativamente al vissuto di "confusione e di caos" che è il risultato della "tendenza a far impazzire l'altro" del narcisista patologico, in particolare quando tale tendenza giunge alla sua realizzazione. La 'pazzia', in senso certamente lato, che il narcisista patologico induce nell'altro nell'ambito di una relazione affettiva di coppia, rende necessario individuare una prima diagnosi, o una diagnosi parziale, indipendente da eventuali condizioni soggiacenti, che nell'osservazione clinica appare come una condizione traumatica inerente la sfera dei sentimenti e delle emozioni. Per esporre l'ipotesi di TdN, farò particolare riferimento alla classificazione psichiatrica del DSM IV, ma anche ad uno sguardo psicodinamico di orientamento freudiano (con riflessioni riferite al celebre *Introduzione al Narcisismo*, 1914).

In un articolo in corso di pubblicazione sto elaborando una riflessione di orientamento junghiano (in quanto tale è il mio orientamento come clinico e come ricercatore) sul tema qui proposto, con particolare riferimento agli archetipi dell'Ombra, del Puer, dell'Anima/Animus nei 'complessi a tonalità affettiva' nell' ambito delle relazioni di coppia. A tale riguardo io per ragioni di 'equazione personale', sono propenso ad un orientamento junghiano, ma anche perché ritengo, in estrema sintesi, che l'impiego di immagini mitopoietiche a livello diagnostico e terapeutico possano favorire una miglior comprensione ed elaborazione nelle dinamiche psicoterapeuta-paziente.

Per il momento qui viene pubblicato il report del mio articolo **Bugiardi, Ipocriti, Manipolatori Affettivi. Saperne di più per potersi difendere!**
Il narcisismo patologico e la ferita narcisistica nel 'vampirismo affettivo' - tratto da www.albedoimagination.com e che ha avuto oltre 100.000 visite ogni anno.
Inoltre viene pubblicato **per la prima volta nelle conclusioni il Commento 21 "Il VAMPIRO INTERIORE".**

In questa sede però ritengo importante invitare a riflettere in termini psicodinamici freudiani, giacché la nozione di narcisismo in psicopatologia è stata elaborata innanzitutto da Freud.

L'argomentazione verrà qui sorretta solo da una bibliografia specialistica, limitando quella generale allo stretto necessario, sia perché risulterebbe troppo estesa, e sia perché il suo impiego specifico comporterebbe un'elaborazione immensa, che richiederebbe un'esposizione ben più ampia rispetto all'obiettivo di sintesi qui proposto.

Inoltre, in questa sede, vorrei offrire alcune considerazioni che derivano da uno sguardo più clinico che teorico, avendo osservato e tenuto in trattamento numerosi casi, nei quali le dinamiche narcisistiche di coppia presentavano aspetti più o meno patologici.

D'altra parte devo osservare che, se la letteratura sul narcisismo e DNP è immensa, e che da essa si evince con estrema chiarezza di quanto il narcisismo non possa considerarsi soltanto 'patologico', bensì anche patogeno, sono scarse le osservazioni circa gli effetti di questa patogenicità sulle vittime, nelle relazioni di coppia, così come in altri ambiti della vita affettiva (cfr. Carroll; Hoenigmann-Stovall; Whitehead, 1996 – Kirchner, 2001 - Maltas, 1991 - Quadrio, 1982 - Little; Watson; Biderman 1992). Alcuni autori hanno destato un certo interesse a livello specialistico e anche tra il grande pubblico soprattutto relativamente alle modalità patogene della manipolazione affettiva nelle dinamiche narcisistiche di coppia, piuttosto che sui i suoi effetti patologici (vedi Hirigoyen, 1998; Nazare-Aga, 2008).

Si evince altresì che il 'danno psicobiologico' causato da una relazione affettiva con una persona più o meno affetta da narcisismo patologico è ingente, e che la sua morbilità è crescente, data la cultura narcisistica dei consumi e dello spettacolo, la quale sembra essere un fattore epidemiologico psicoculturale da non sottovalutare. Intanto la letteratura divulgativa sul narcisismo patologico ha un certo successo, in quanto viene seguita ed apprezzata soprattutto dalle 'vittime', o da chi ritiene di aver subito un danno a causa del narcisismo patologico del partner (vedi ad es. il best seller della Telfener, *Ho sposato un narciso, 2006* – sul quale NON SONO D'ACCORDO in quanto mira, al fine, a dare consigli su come sopportare e tenersi ad ogni costo *l'amato narciso* - nonché una notevole diffusione di forum di dibattito e auto-aiuto, blog e siti internet a difesa delle vittime del narcisismo).

L'immaginario popolare, ripreso da artisti, letterati e registi esprime nella figura del vampiro una rappresentazione dei narcisisti patologici di tipo 'maligno' (vedi paragrafo 5), i quali desiderano il 'sangue' (simbolicamente psichico) di persone relativamente sane, e l'ottengono approfittandosi delle tenebre, vale a dire di una relativa cecità della vittima dovuta ad uno stato di innamoramento indotto 'narcoticamente' (vedi paragrafo 8), in modo seduttivo e manipolatorio. La figura del vampiro e di suoi analoghi di derivazione diabolica, come distruttivo invasore della psiche, è stata studiata da C.G. Jung, dalla M. Von Franz, da J. Hillman e da altri psicologi di orientamento junghiano in quanto raffigurazione archetipica dell'Ombra (vedi Von Franz 1974;1990, 93). Questi studiosi avvertono che si tratta di una parte della sfera psichica inconscia insita in ogni essere umano, quindi non soltanto nei narcisisti patologici, nei quali però sembra aver preso il sopravvento (queste considerazioni possono qui essere solo sfiorate allo scopo di dare un 'immagine', e andranno quindi approfondite in altra sede – vedi riepilogo).

Ecco allora che sembra quanto mai necessaria un'attenzione specialistica volta a comprendere e a ad assistere, non solo i narcisisti patologici, ma anche le loro eventuali 'vittime vampirizzate'.

Dunque è opportuno concentrare l'attenzione sulle 'vittime' del narcisismo patologico per capire quale tipo di danno esse subiscano, ed in che termini questo danno possa essere considerato specifico, e quindi diagnosticato e curato. Da ciò nasce l'ipotesi del TdN, che qui proponiamo esplicitando sin da ora che, sebbene io ne abbia potuto constatare la congruità nell'esperienza clinica, va sottoposta ad una fase indagativa statistica e sperimentale e che quindi potrà eventualmente evolversi e perfezionarsi grazie ad un dibattito e ad una ricerca teorica ed empirica capace di sviluppare sintesi e distinzioni. E' dunque ovvio che è auspicabile l'interessamento di specialisti della psiche e della salute mentale (e non solo), e quindi con il contributo di clinici e ricercatori di diverse discipline e orientamenti.

In particolare l'ipotesi qui proposta rinvia ad una elaborazione della letteratura sulla patogenicità, più che sulla patologicità del 'narcisismo patologico', e più precisamente del suo strutturarsi in un Disturbo Narcisistico della Personalità (DNP) più o meno "maligno" (con tratti psicopatici; vedi Kernberg, 1989). Si sa molto bene, ormai di come il soggetto affetto da DPN sia disturbato, ma risulti anche disturbante, precipuamente nell'ambito delle relazioni affettive, famigliari e di coppia, e con modalità sue alquanto specifiche: manipolazione, sfruttamento, svalorizzazione, umiliazione e in sintesi 'violenza psicologica', fino alla 'crudeltà mentale'. L'attenzione sulle dinamiche narcisistiche nella coppia, assai considerata da Freud in *Introduzione al Narcisismo*, sembra negli ultimi tempi essere maggiore nella letteratura divulgativa piuttosto che in quella scientifica, segno che l'interesse del grande pubblico è crescente e che le 'vittime da narcisismo patologico', o che si sentono tali, sono moltissime. Ecco allora che diventa emergenziale l'ipotesi qui proposta, che si riferisce innanzitutto agli effetti traumatizzanti che il soggetto con DPN provoca nell'ambito di una relazione affettiva di coppia, e quindi sul partner. Anche in altre relazioni implicanti un legame affettivo, famigliare o amicale, il DNP ha una sua specifica patogenicità, ma per ora intendo portare l'attenzione sulle dinamiche di coppia, giacché ho avuto più possibilità di osservarle nella mia pratica clinica. Si tratta di una situazione psicoaffettiva disturbata, che ha una sua specificità, e che può provocare gravi conseguenze per chi la subisce, il quale diventa una sorta di oggetto privilegiato sul quale un soggetto disturbato esercita un'azione disturbante.

Vorrei però ulteriormente disambiguare il campo di ricerca e di osservazione, facendo per ora appello a Lapalisse, per cui tutti sanno di come che le dinamiche di coppia siano attraversate da ogni sorta di patologicità, fino a poter sospettare con uno sguardo psicoantropologico che la coppia stessa sia per sua natura un'inguaribile ambito relazionale patologico e patogeno. Così uno studioso come J. Hillman può portarci a ribaltare il concetto esclusivamente 'malato' di patologico, nel senso del "patologizzare", (1975) in quanto necessità che, entro certi termini, appare connaturata allo sviluppo e alla consistenza della psiche, e ciò in modo particolarmente evidente nelle dinamiche tra Eros e Psiche. Ritengo che tale considerazione possa essere importante per un approccio terapeutico capace di incanalare il TdN verso una funzionalità iniziatica, per cui la sua patologizzazione può paradossalmente condurre ad una risposta evolutiva e di maturazione, ma ciò a patto che essa sia diagnosticata e sorretta terapeuticamente in modo corretto. Ciò vuol dire che bisogna riconoscere che il Td N va ad agire su una ferita pregressa occulta e non curata (FERITA NARCISISTICA) del soggetto che lo subisce. Il TdN, seppure altamente traumatizzante può, se curato, orientare nella fase successiva della detraumatizzazione, a scoprire e a curare la ferita narcisistica occulta del traumatizzato, se invece non è curato può dilatare e infettare tale feita, provocando una sorta di inarrestabile emorragia narcisistica e il cronicizzarsi di uno squilibrio post-traumatico.

Quindi l'ipotesi di Trauma da Narcisismo (TdN) qui proposta è considerabile come un sollecito invito a promuovere un'indagine specifica, mirata a portare l'attenzione su una particolare forma di patogenicità all'interno della relazione affettiva di coppia che, se non curata, può condurre ad esiti altamente debilitanti e drammatici.

1) Il narcisismo patologico nelle dinamiche idealizzanti della coppia. Elementi diagnostici e terapeuti nella pratica clinica.

Un partner idealizzante, capace di relazione d'oggetto, e ciò a prescindere da suoi eventuali disturbi nevrotici, idealizza un partner con DNP, il quale di riflesso, idealizza la sua propria immagine idealizzata dal partner. Come si sa l'incapacità di amare di un soggetto con DPN è connessa con uno spropositato, nonché difettoso amore di sé (difettoso in quanto è falso, ed è una sorta di paravento rispetto ad una forte mancanza di autostima). Il falso sé idealizzato del narcisista patologico necessità di specchi capaci di confermarlo, a tal fine cerca l'amore dell'altro con una funzione d'appoggio autoerotica e di rifornimento narcisistico, quindi il narcisista patologico impiega ogni strategia seduttiva per poter essere idealizzato positivamente dal partner, perciò egli tenta di assumere il più possibile le sembianze del 'sogno d'amore' del partner. Ciò accade soprattutto nella fase iniziale della relazione, ma viene perfezionato, seppure nell'ambito di un'ambivalente escalation di apparente amore e di vero odio. Il narcisista patologico esige uno 'specchio buono' per cui rifiuta di esercitare la sua seduzione verso chi appare con un 'disperato' sogno d'amore o affamato d'amore, ma la applica verso chi invece sembrerebbe abbastanza pronto per poter realizzare tale sogno armoniosamente (sebbene abbia una ferita narcisistica non sufficientemente elaborata e quindi una nevrosi latente). Se il narcisista patologico non riesce a creare le condizioni per sedurre una persona che gli appare abbastanza equilibrata, capace di restituirgli un'immagine idealizzata credibile, di amare in modo abbastanza sano, allora non si perde d'animo e continua la sua selettiva ricerca, attuata con seduzioni multiple e promiscuità, fino a quando non riesce a trovare una persona sufficientemente valida per ottemperare alle sue esigenze. Generalmente per sedurre la vittima, oltre a presentarsi come sogno d'amore e quindi come definitivo guaritore della ferita narcisistica dell'altro, si presenta a sua volta come vittima bisognosa dell'altro, facendolo sentire capace di guarire, quindi dandogli l'illusione della gratitudine che è un segno fondamentale che fa apparire verosimile una reciprocità amorosa che invece è solo unilaterale. Quindi, anche la persona più equilibrata è 'a rischio' di innamorarsi del narcisista patologico, riconoscendovi anche le difettosità, ma senza rendersi conto che la sua possibilità di aiutarlo è illusoria e gli viene ripagata soltanto entro un progetto di manipolazione seduttiva (e solo per fare un esempio del tutto relativo, sono a conoscenza di psichiatri e psicoterapeuti 'normo-nevrotici' che si sono innamorati di pazienti o di non pazienti narcisisti patologici e, purtroppo, anche del contrario per cui il terapeuta era un narcisista patologico). Dunque la vittima della manipolazione viene sedotta con l'intento semiconscio di essere utilizzata innanzitutto come specchio e poi di essere utilizzata in ogni modo possibile (appoggio), fino a quando appare definitivamente sfruttata ed esausta, per cui viene abbandonata in modo distruttivo, con rabbia (soprattutto in vista di un'altra preda/vittima che appare più attraente, soprattutto in quanto più sfruttabile). Quando lo specchio – il partner idealizzante – comprende che l'ambivalenza dell'altro idealizzato, va stranamente e indecifrabilmente al di là di un'ambivalenza 'normo-nevrotica' e tollerabile, allora il riflesso rinvia un'immagine critica, meno idealizzata, cosa che per il narcisista patologico è insopportabile e che fa montare la sua rabbia narcisista verso un oggetto/specchio che appare difettoso e persino cattivo, e che quindi va distrutto. Tuttavia dobbiamo osservare che il partner idealizzante non ritira completamente il suo investimento libidico, ma cerca di difendere: da una parte l'immagine idealizzata e amata dell'altro e da una parte il suo narcisismo sano che il narcisista patologico e patogeno con le sue strategie manipolatorie mira a ferire, infierendo sulla ferita narcisistica, che all'inizio della relazione, e in modo ambivalente nel suo corso, sembrava voler curare.

Il narcisista patologico, sembra voler curare la ferita narcisistica dell'altro perché non è riuscito a curare la sua e lo fa assumendo seduttivamente le sembianze dell'idealizzazione proiettiva nell'altro. Ma poi non riesce in questo intento realmente curativo perché non riesce ad amare, ma solo a farsi amare, tuttavia non si fa amare veramente poiché sa che l'altro ama un suo falso sé idealizzato. Queste dinamiche fanno sì che il narcisista patologico esasperi sempre più la sua ambivalenza, fino ad esercitare la sua rabbia sulla ferita narcisistica dell'altro che ha finto di voler curare, mirando a dilaniarla. Egli invidia l'altro che, pur avendo una ferita narcisistica, riesce ad amare, ma considera che la riuscita di ciò sia dovuta alla sua propria perfezione, alla sua immagine particolarmente idealizzata che favorisce l'altrui idealizzazione, che l'altro però non è degno di meritare giacché osa criticarla. Il fatto è che l'altro, capace di amare, durante il rapporto, si rende sempre più conto che l'ambivalenza del narcisista patologico non è tra amare o odiare (il che è normale entro certi termini), ma tra il farsi amare e l'odiare. Allorché, quando l'amante protesta nei confronti dell'amato che non ama, questi considera ingrato l'amante giacché è grazie ad esso che l'amante può provare il piacere di amare; inoltre considera incapace l'amante di avere lo stesso potere nei suoi confronti, cioè di farlo innamorare (non capisce e non accetta che è esso a non poter amare) e quindi svaluta l'amante attribuendogli ogni sorta di colpa fin poi a volerlo punire, esercitando in tutti i modi possibili una violenza psicologica subdola ed anche esplicita.

Ecco allora come mai, il narcisista patologico eserciti un odio particolare verso la persona dalla quale è amata. Dobbiamo però chiederci perché la persona che ama non riesce ad evitare tale odio e ne diventa vittima succube, al punto di esserne traumatizzata e nel contempo di continuare ad amare. Infatti è nella scoperta del folle orrore di aver amato e di continuare ad amare il proprio carnefice che il Trauma da Narcisismo, si 'fissa', esplode e poi si cronicizza.

Il narcisista patologico vedendosi restituire un'immagine di sé difettosa, ma nel contempo ancora amata dall'altro si sente defraudato per almeno quattro ragioni: la prima è che viene deturpata e non confermata l'immagine di sé che lui stesso ama in modo autoerotico; la seconda, più tragica e profonda, deriva dal fatto che il narcisista patologico attribuisce all'altro la sua incapacità di amare in quanto è l'altro che non susciterebbe in esso il piacere dell'amore oggettuale dato che non merita di essere amato in quanto mette in crisi la sua immagine (la sola cosa che esso può amare), perciò lo odia e vuole distruggerlo; la terza ragione di odio è che l'amore che pure l'altro nutre e continua a nutrire nei suoi confronti viene considerato come un piacere che l'altro indebitamente si accaparra grazie alla sua immagine pur permettendosi di criticarla, come dire:

"Tu sputi nel piatto che io ti do, non lo meriti, sei un ingrato ed, anzi, meriti il mio disprezzo ed il mio odio"; la quarta ragione è che il narcisista patologico sa che l'altro non ama il suo vero sé (in quanto non è attivo, se non ai minimi termini), ma solo l'immagine idealizzata di un falso sé, e quindi l'amore dell'altro non gli consente di curare la sua ferita narcisistica che ha dato luogo solo alla capacità di idealizzazione di un falso sé, ma non di idealizzare l'oggetto e quindi amare.

L'ipotesi di un 'Trauma da narcisismo' deriva quindi da constatazioni in termini teorici e clinici che portano a ritenere che la patogenicità del narcisismo infierisca in modo assai specifico nella relazione oggettuale idealizzata, seppure gran parte dei disturbi mentali possono considerarsi disturbanti della relazione affettiva, ma non propriamente riferibili alla specifica patogenicità narcisistica.

Così mentre il disturbo narcisistico di personalità conduce all'assurda follia di odiare la persona dalla quale si viene amati provocandole un trauma (TdN), il trauma si esprime in una follia opposta, ovvero amare la persona dalla quale si viene odiati. Perché allora si continua ad amare la persona da cui si viene odiati? O meglio perché si continua ad amare non l'altra persona, ma l'idealizzazione di essa? Quali meccanismi difensivi vengono messi in atto e che risultano essere evidentemente patogeni al punto di non consentire un superamento del trauma stesso?

Le risposte in parte le abbiamo date e riteniamo debbano ricercarsi maggiormente in una psicopatologia intrinseca all'ingenuità dell'amore originario ed in una costituzione nevrotica della vittima, ascrivibile ad un complesso costellatosi intorno alla 'ferita narcisistica' non elaborata. Il fatto che la vittima continui a mantenere una dipendenza e un attaccamento verso il partner narcisistico, nonostante averlo riconosciuto come tale, deriva dal fatto che, se non viene sostenuta, informata ed aiutata a detraumatizzare, ritiene che solo proseguendo la relazione con il partner possa ritirare la proiezione, de-idealizzare e quindi espellere l'introietto persecutorio e perturbante. Quindi la persona colpita da Trauma da Narcisismo, in una prima fase ha bisogno di un sostegno psicologico supportivo per quanto riguarda il suo sé totale, ma di un'analisi introspettiva circoscritta all'oggetto sé patologico e patogeno intrusivo ed estrusivo, consistente nel partner narcisista patologico idealizzato e introiettato. In buona sostanza bisogna aiutare il paziente-vittima a psicoanalizzare (elaborare nel profondo) il narcisista patologico che lo ha traumatizzato (cfr. Viderman, 1968; Links; Stockwell 2002); in verità ciò che il paziente riesce a comprendere solo gradualmente è che l'analisi viene compiuta sul modo che lui ha interiorizzato il narcisista patologico, quindi su un oggetto interno, sebbene la traumatizzazione in atto porti a credere che ci si stia occupando totalmente dell'altro in carne ed ossa.

2) Il trauma affettivo nell'eziologia del trauma psicologico

Tutti sappiamo benissimo che l'amore passionale è di per se stesso affetto da cecità e reca sempre le sue pene, e che la sofferenza da esso indotta non è quindi di per sé una malattia, ma un'inevitabile condizione per una maturazione del soggetto, o per una intima esperienza conoscitiva della natura umana. Sappiamo altresì come la sofferenza amorosa non elaborata sia generatrice di fantasmi che possono condurre alla nevrosi o alla psicosi, e, viceversa di come questi fantasmi, preesistenti ad un relazione amorosa si rivelino in essa generando sofferenza. Sappiamo anche che la nozione di trauma psicologico non riguarda soltanto la reazione sintomatica verso eventi terrorizzanti dal punto di vista dell'incolumità fisica (catastrofi, guerre, incidenti), ma anche psichica, e quindi di come, ad esempio, la 'minaccia abbandonica' perpetuata e poi messa in atto generi sin dalla primissima infanzia un trauma abbandonico primario, che è sotteso nel complesso di Edipo, ed anche nel 'trauma della nascita' teorizzato da Rank (1924), e che esso può riattualizzarsi patologicamente nelle relazioni amorose della vita adulta.

Tuttavia nonostante la patogenicità del 'Trauma abbandonico' va osservato che esso ha una sua funzionalità nella maturazione dell'individuo, al fine di poter riuscire, seppur dolorosamente, a differenziarsi dalla fusionalità con l'imago materna. Ogni essere umano subisce necessariamente un trauma abbandonico, nell'atto della nascita come espulsione dalla sicurezza del mondo uterino, o nel complesso di Edipo, come castrazione rispetto all'imago genitoriale sessualizzata, oppure come cacciata dal Paradiso, o nel senso del Cristo, quando dice: "Padre, perché mi hai abbandonato?". Queste prime osservazioni quindi, ci servono per evidenziare come la nozione di trauma abbandonico abbia una sua significatività primaria verso l'insorgere di ogni 'trauma psicologico' in generale, e più in particolare quando questo è derivabile da relazioni affettive negative, e tanto più queste sono patologiche. D'altra parte la teoria del trauma psicologico, per qualunque tipo di causa, comporta un crollo della sicurezza interna del soggetto, vale a dire un percepire l'abbandono delle istanze intrapsichiche che consentono al soggetto di preservare un certo equilibrio in termini di sicurezza interna ed esterna (vedi Kalsched, 2001; Bergeret, 1996). Da ciò deriva un conflitto intrapsichico a sfondo narcisistico, nel senso che il soggetto perde la fiducia in se stesso e la sua autostima, e quindi sviluppa perniciosi sensi di colpa e di vergogna (si sente difettoso, insufficiente, svalutato) verso i quali cerca di difendersi con atteggiamenti e condotte patogene che implicano difese regressivanti, fino alla dissociazione, e condotte auto lesive, dall'abuso di sostanze psicogene, lecite o illecite (come auto medicamento) al progetto e all'atto suicidario.

Va poi ricordato che la teoria di Freud del trauma sessuale, rielaborata poi come fantasia, piuttosto che come evento reale, fa riflettere fortemente sulla natura psicosessuale soggiacente ad ogni tipo di trauma. La rielaborazione di Freud che abbandona l'idea di una seduzione sessuale reale, considerando che questa viene fantasticata, non deve però far pensare che si tratti sempre di sola fantasia (De Clercq; Lebigot, 2000). In effetti sia che si tratti di fantasie sessuali vissute o fantasticate, ciò che risulta traumatizzante è la relazione affettiva di fondo, che viene esperita senza consapevolezza, con l'introiezione di immagini e pulsioni distruttive. Vi sono relazioni oggettuali nevrotiche, ove per svariate ragioni e modalità, un partner può risultare traumatizzante per l'altro. Certamente ciò dipende anche dalla sensibilità e dalla patologicità di entrambi, ma nel TdN siamo propensi a credere che la causa prima della traumatizzazione sia da rintracciarsi nelle modalità subdolamente patogene del partner affetto da narcisismo patologico. Ciò non implica che ogni relazione affettiva e/o sessuale con un narcisista patologico risulti traumatizzante per chiunque, a mio avviso non lo diventa, soltanto a patto che non si sviluppi nei suoi confronti una relazione d'oggetto idealizzata. Entro certi parametri di normalità, chiunque può trovarsi in una situazione di innamoramento sollecitata da un partner particolarmente abile nella manipolazione seduttiva, sessuale e sentimentale.

Più avanti proporremo diverse considerazioni per comprendere di come sia facile 'cadere' in una relazione oggettuale idealizzata con un narcisista patologico, fino al punto di poter affermare che ciò può accadere soprattutto a persone relativamente sane, o, per meglio dire 'normo-nevrotiche', o con una nevrosi latente sufficientemente compensata, ma ancora irrisolta. Ciò non toglie che il TdN va ad agire sulla 'ferita narcisistica' del partner, cioè su una sua carenza di narcisismo che in qualche modo era stata occultata (ma non curata).

Queste brevi considerazioni intorno al trauma psicologico indicano che l'ipotesi di un Trauma da Narcisismo può rintracciare i suoi fondamenti nella teoria di un trauma sessuale che si riattualizza nella vita sentimentale adulta. Il TdN si attua con una forma di abuso dell'ingenuità amorosa del partner, rievocando il trauma di essersi resi complici del proprio abuso sessuale, della perdita dell'innocenza e della fiducia. L'acme del Trauma da Narcisismo è poi spesso coincidente con un Trauma abbandonico provocato dal partner narcisista patologico con l'accompagnamento di una spietata violenza psicologica, volta a trasformare l'abbandono in una sorta di 'uccisione simbolica'. Quindi dobbiamo osservare che il narcisista patologico traumatizzante – nel corso della relazione fino alla rottura ed anche in seguito ad essa, travisa la sessualità e l'affettività del partner, a fini di sfruttamento che è in parte 'doloso e cosciente', ma che si posa sull'intento patologico, 'colposo e inconscio', di esercitare la sua rabbia primaria a scopo distruttivo dell'oggetto (il riferimento va alla Klein, *Invidia e gratitudine*, 1957; cfr Witte; Callahan; Perez-Lopez, 2002).

3) Il senso iniziatico della ferita narcisistica della 'vittima'

Il Trauma abbandonico implica dunque una ferita narcisistica primaria della 'preda', ferita che per certi aspetti è comune a tutti gli individui e che non è mai 'perfettamente' sanabile, e che quindi richiede, sin dal suo esordio, ma poi per tutta la vita, di essere elaborata in modo sufficientemente sano attraverso un'idealizzazione dell'Io ed anche attraverso relazioni d'oggetto sufficientemente capace di svilupparsi entro un completamento della 'genitalità'. La ferita narcisistica fa dunque parte di un complesso infantile irrisolto, così che il suo superamento consente di evolvere verso la maturità (genitalità intesa dunque come generatività, creatività e libertà dell'adulto).

Il termine 'trauma' nel suo significato etimologico significa 'ferita con effrazione', che provoca un 'trapassamento' e che, nella fattispecie, implica un'emorragia narcisistica (Ferenczi, 1916/1917). Tuttavia questa ferita può avere una funzione iniziatica, qualora si comprenda che essa agisce sulla ferita narcisistica pre-esistente, che viene traumaticamente evidenziata, ma che quindi può essere anche individuata e curata. Ciò avviene rinunciando all'investimento affettivo dell'Io nei confronti del partner narcisista patologico, a favore di un Io ideale, capace di sopportare la frustrazione e di fungere da orientamento verso l'autonomia e l'indipendenza. Dunque la libido ritirata dall'oggetto patologico e patogeno deve essere orientata nella terapia ad un investimento narcisistico, per una guarigione della ferita narcisistica pregressa al trauma. Quindi la funzione iniziatica della ferita narcisistica da Trauma abbandonico è necessaria per elaborare un amore di sé non più diretto regressivamente verso un Io infantile, ma verso un Io 'ideale' ed anche 'genitale', cioè capace di dare amore all'altro e di riceverlo 'creativamente' e non per solo 'appoggio' (Freud, 1911, 37-39). Ciò vuol dire che l'investimento amoroso non è dettato da un'energia complessuale e nevrotica, ma da una corrispondenza genitale tra i partner.

Il narcisista patologico è tale in quanto subisce la ferita narcisistica senza riuscire ad elaborarne la funzione 'iniziatica' verso la 'genitalità', ma solo verso una 'idealità di sé onnipotente', in quanto resta parzialmente fissato ad una fase 'orale', che lo rende incapace di integrare sufficientemente il Super Io (cfr. Kernberg, 1975: 337) e di riconoscere i bisogni degli oggetti esterni. Così il narcisismo patologico consiste essenzialmente in un disturbo della capacità di amare che genera invidia verso chi questa capacità la ha, e che nelle forme più malignegenera odio espresso con agiti, che sono precipuamente ascrivibili alla 'violenza psicologica', inferta in modo specifico alla 'ferita narcisistica' della persona dalla quale si viene amati. Tuttavia dobbiamo osservare che la ferita narcisistica seppure è stata elaborata, quindi è risultata iniziatica, può comunque generare una virulenza, un complesso, per il quale si è più vulnerabili rispetto alla patogenicità del narcisismo patologico. Ciò fa ritenere che la ferita narcisistica non sufficientemente elaborata, in caso di Trauma da Narcisismo, venga, per così dire, dilaniata ed infettata, provocando una sorta di emorragia e di cancrena psichica. Può darsi che così come la ferita da Trauma abbandonico possa essere elaborata in una direzione iniziatica, possa essere elaborata terapeuticamente anche in funzione della patologizzazione che provoca il Trauma da Narcisismo; tuttavia una 'patologizzazione terapizzante' è possibile solo nella misura in cui vi sia una detraumatizzazione e, successivamente una cicatrizzazione della ferita. Detto in altri termini il Trauma da Narcisismo, in un primo momento dà luogo ad una sindrome traumatica che tende a cronicizzarsi, ma se ad esso segue una detraumatizzazione, si può spesso osservare l'emergere di una nevrosi pregressa e latente, riferibile alla ferita narcisistica. Si tratta allora di comprendere fino a che punto una nevrosi pregressa e latente favorisca l'eziologia del Trauma da Narcisismo, oppure che questa abbia una sua indipendenza e che consenta il conclamarsi della nevrosi (cfr. Bergeret, 1996). Questi concetti relativi alla eziologia del TdN ora accennati saranno oggetto di un approfondimento nel prosieguo di questo scritto, tuttavia ci troviamo nel campo delle ipotesi e non delle tesi, per cui alcune questioni qui evidenziate sono proposte come oggetto di riflessione, e non ancora come argomentazioni già costituite e fondate. D'altra parte la questione dell'eziologia della malattia mentale è cruciale nella teoria psichiatrica ed è a tutt'oggi irrisolta. Il TdN propone quindi di considerare che vi sia un agente patologico della patologia dell'altro, fino a quindi poter supporre l'ipotesi di una sorta di 'infezione psichica' che aggredisce una condizione di quasi silente debolezza dell'altro (la ferita narcisistica). D'altra parte questa infezione 'opportunista', che sfrutta una ferita pregressa ha anche la capacità di evidenziarla.

In tal senso la cura del TdN comporta anche la cura della ferita pregressa e alla scoperta di una sua funzione iniziatica che consiste nel condurre l'Io a sacrificare una parte del suo investimento narcisistico a favore di un ideale dell'Io più maturo (il mio riferimento va dunque al Sé in senso junghiano, in quanto archetipo della soggettività che si unisce alla universalità, costituente l'equilibrio tra le pulsioni egoiche e quelle pro-sociali, tra 'istinto e spirito').

4) La patologia narcisistica, più o meno maligna, nelle dinamiche della coppia

Una volta chiarita, a scopo disambinguante, l'ovvietà che i mali d'amore – nella norma e non - non sono soltanto esaminabili entro un quadro narcisistico (vedi Brennan, Shaver 1998 – Gierde, Onishi, Carlson 2004), ma anche di come la dinamica narcisistica abbia un senso primario rispetto alla capacità di amare se stessi e l'altro, osserviamo ancora di come l'indagine teorica e clinica sul narcisismo abbia una sua specificità patogena nelle dinamiche delle relazioni oggettuali idealizzate, cioè nei legami amorosi (cfr. Gacono; Meloy; Berg, 1992). Ritornando poi alle precedenti osservazioni circa una primaria eziologia su base psicoaffettiva del trauma psicologico (come si evince dal trauma abbandonico) ritengo di poter proporre diverse argomentazioni circa l'insorgere di una traumaticità specifica e seriamente destabilizzante dovuta ad una relazione d'oggetto idealizzata con un soggetto affetto da DNP o da 'narcisismo patologico', più o meno maligno. Il grado di malignità del narcisista patologico dipende da eventuali tratti di tipo francamente antisociale o addirittura psicopatici (in tal senso il DSM IV considera nello stesso cluster B, e contigui, il DNP e il Disturbo antisociale – vedi Gunderson, Ronningstam 2001; Haller, 1999). In termini psicodinamici possiamo riferirci ad una concezione più 'benigna' del narcisismo patologico secondo la teoria di Khout (1976), il quale considera tale patologia come una involuzione del sé che resta ancorato ad una dimensione regressiva 'arcaica e grandiosa', mentre per una concezione più 'maligna' possiamo fare riferimento a Kernberg (1978), il quale considera il sé ipernarcisistico come non coeso e quindi francamente patologico e patogeno (cfr. Fromm, 1964; Kernberg1970; 1994; Pollock,1978: 255–276; Gerberth e Turco,1997: 49-60;Turco, R. 2001:331–338; Fenichel,1938: 69–95; per una verifica sperimentale delle ipotesi di Khout e di Kernberg, vedi: Shulman; Ferguson, 1988

Ora vogliamo sostenere l'idea che più il soggetto con DNP è maligno, tanto più è patogeno e sarà portato a traumatizzare chi lo ama. Tuttavia anche il DPN benigno opera ad una traumatizzazione del partner, seppure in forma più blanda e sottile. Di converso si potrebbe dire che quanto più si ama un soggetto con DNP maligno o benigno, tanto più si è suscettibili di esserne traumatizzati. Ciò fa subito sorgere il ragionevole, ma a mio avviso, non sempre corretto sospetto che la persona che ama una persona con DNP sia a sua volta malata, e che lo sia tanto più, quanto più il DNP è maligno. Si è dunque portati a supporre che vi sia una collusione malata tra vittima-vittimista-masochista e carnefice-sadico, ma ciò presuppone che la vittima sia malata di un qualche disturbo compensatorio rispetto a quello del carnefice, e poi si potrebbe perfino dire che la vittima è tale a causa della sua stessa malattia, in qualche modo complementare a quella del narcisismo patologico. Ammesso che quest'ultima considerazione sia vera, il TdN - Trauma da Narcisismo - avrebbe le sue origini eziologiche nell'evento psichico scatenante di una malattia pregressa e latente, manifestasi in modo crescente durante la relazione affettiva, dobbiamo allora comunque considerare con esattezza in cosa consista tale evento psichico scatenante e quale possa essere la malattia pregressa e latente che lo favorisce. Dico subito che ritengo impossibile che una persona masochista accusi un TdN, così anche che un narcisista patologico agisca il TdN su una persona masochista. Ciò perché il TdN viene agito su persone relativamente sane, da rovinare, e quindi non già in rovina, o aventi il gusto masochistico di sentirsi 'rovinate'. Il TdN è un'invasione della pulsione di morte nella pulsione di vita: una sindrome che 'uccide l'amore'.

5) TdN come diagnosi parziale che implica una 'doppia diagnosi'

L'ipotesi circa uno specifico Trauma da Narcisismo, oltre a riguardare un evento psichico scatenante comporta anche l'osservazione di una specifica sindrome sintomatica, che si perpetua nel tempo a livello intrapsichico e relazionale, sebbene abbia un suo inizio scatenante, tenendo chi ne è colpito in una condizione cronicamente epicentrica rispetto a tale inizio: una sorta di stato di traumatizzazione permanente, piuttosto che una condizione post-traumatica (e vedremo in seguito in che senso avanzo quest'idea che, certamente, resta da esplorare).

L'ipotesi di un Trauma da Narcisismo le cui cause sono da ricercarsi specificamente in una relazione affettiva traumatizzante con un soggetto affetto da DNP particolarmente maligno, implicano certamente una predisposizione costituzionale del traumatizzato, quindi una 'nevrosi latente', ma non una vera e propria patologia della personalità. La predisposizione, come ho detto, consiste nella ferita narcisistica legata all'infanzia, ma ho spiegato perché essa non possa essere considerata una malattia, quanto, appunto una 'ferita', che se elaborata, esorta anche ad una potenziale spinta iniziatica alla maturazione, ovvero di converso, in mancanza di elaborazione, si attua come spinta regressivante, che porta ad ammalarsi di narcisismo patologico.

Se l'infante avverte una disfunzione nella relazione affettiva materna e famigliare può scegliere o di assumersi la colpa come sua difettosità (ferita narcisistica) o di rinunciare alla relazione, quindi di 'allucinare' un sé grandioso narcisistico che ha bisogno di potere e che se non riesce averlo si esprime con rabbia altamente distruttiva. In tal modo la ferita narcisistica provoca minor amore per se stessi e maggior disponibilità ad amare, mentre il narcisismo patologico comporta un alto grado di falso auto investimento (tuttavia rivolto all'immagine del sé, ovvero al falso sé)) e una quasi assenza di investimento autentico sull'altro.

Dalla mia esperienza clinica credo di poter affermare che le persone traumatizzate nell'ambito di una relazione affettiva con un soggetto con DPN maligno, abbiano la sola colpa, o se si vuole, la sola malattia di non aver completamente elaborato la propria ferita narcisistica, ma senza però aver sviluppato patologie francamente evidenti o accertabili, e che quindi sono persone 'nevrotiche compensate', alle quali secondo i termini della 'Psicologia analitica' è ascrivibile un "complesso a tonalità affettiva" (nel senso esposto da C.G.Jung, il cui approfondimento come ho espresso nell'introduzione è oggetto di una mia prossima pubblicazione, della quale darò un primissimo accenno nel riepilogo).

Invece si tende molto spesso a considerare la vittima di un narcisista patologico come affetta da patologie che la portano ad una collusione malata con quest'ultimo. La tendenza è di considerare la persona traumatizzata dalla relazione con un personalità narcisistica, come affetta da pregresso disturbo più o meno occulto di Personalità dipendente, oppure da una 'caratteropatia' su base perversa sadomasochista, o anche un Disturbo Borderline (ciò specialmente perché il Trauma da Narcisismo provoca condotte e stati d'animo 'al limite', affini ad una condizione borderline, ma non è vero che la sottende), o ancora un Disturbo bipolare che si scatena non trovando più una sua relazione d'oggetto di contenimento, o ancora un Disturbo paranoide volto a colpevolizzare in eccesso il partner, oppure solo un Trauma abbandonico esagerato, sempre a causa delle debolezze interne. Dunque, alla persona colpita da TdN, vengono spesso attribuite, sia dai teorici, sia dai clinici, sia dai parenti e dagli amici tutta una serie di responsabilità colpose, involontarie, ma malate, sue proprie, che il narcisista patologico non avrebbe provocato, ma avrebbe fatto tuttalpiù emergere. Il fatto che la vittima manifesterebbe 'dei problemi suoi propri' viene poi anche considerato con sospettosità quando chiede aiuto, individuando la sua 'colpa', che essa non riesce a comprendere e per la quale pur tuttavia si autocondanna, nel fatto di aver accettato di sottoporsi ad una relazione affettiva altamente stressogena con un soggetto con DNP particolarmente maligno. Ora per quanto chi è colpito da TdN abbia sue proprie debolezze e responsabilità non è assolutamente indicato addossargliele quando è nello stato traumatico, anche perché verrebbero considerate soltanto come la causa colpevolizzante del proprio insuccesso amoroso e la giustificazione del disprezzo e della violenza psicologica messa in atto dal partner narcisista patologico. Quindi, l'ipotesi di Trauma da Narcisismo implica uno sguardo diagnostico e conseguentemente un intervento psicoterapeutico assai diverso da quello inevitabilmente colpevolizzante che abbiamo poco sopra esposto, vediamo di esaminare il perché. Innanzitutto dobbiamo osservare che il narcisismo patologico, più o meno maligno, nella sua patogenicità mira ad attaccare oggetti che siano il più sani possibile. Intendo dire che il narcisista patologico non instaura relazioni seduttive, manipolatorie e di sfruttamento, almeno per un tempo sufficiente alla traumatizzazione dell'altro, con persone che percepisce come fortemente deboli e disequilibrate. Per un narcisista patologico una personalità dipendente, sulla quale può esercitare il suo controllo attraverso la pura autorità, approfittandosi quindi di un carattere patologicamente remissivo e bisognoso di accudimento, non risulta attraente. Il narcisista patologico invidia il bene dell'altro, al punto di odiare l'altro ancor di più se da questi riceve amore (lo ritiene come un suo bene da invidiare), mentre odia la debolezza o l'incapacità di amare dell'altro e quindi disprezza chi appare sofferente e disequilibrato, come ad esempio chi esprime una manifesta o soggiacente personalità borderline. Per quanto attiene alle dinamiche sadomasochistiche (vedi Filippini, 2005), che in qualche modo sono spesso rintracciabili in una relazione affettiva, va detto che il sadismo del narcisista patologico non mira ad ottenere il piacere, ma a ricevere ammirazione e ad esercitare un potere, e che l'apparente masochismo della sua vittima, non è tale in quanto la vittima vive la sua condizione in modo altamente egodistonico; essa tenta costantemente di ribellarsi alla violenza psicologica dell'altro e cerca di trasformare le capacità fortemente seduttive in amore e fiducia autentici. La seduttività manipolatoria e ambivalente del narcisista patologico viene sempre interpretata erroneamente secondo una speranza d'amore (un errore fatale, che però non deve essere necessariamente fatto afferire ad una condizione patologica, in quanto anche un soggetto relativamente sano può essere tratto in inganno, soprattutto per quanto concerne la sfera affettiva – si pensi all'impiego, non soltanto leggendario, ma storicamente documentato – della seduzione a scopo di spionaggio).

Dunque si può considerare che la 'vittima ingannata', abbia una percezione errata del suo oggetto d'amore, ritenendosi erroneamente capace di trasformare l'estrema ambivalenza e l'inautenticità del partner narcisista in amore sufficientemente buono. Ma allora fino a che punto possiamo attribuire alla vittima un suo pregresso disturbo che la fa cadere in tale errore? O forse non è l'errore, di cui ad un certo punto ci si accorge in modo traumatizzante, che fa emergere una dimensione nevrotica pregressa e relativamente compensata? Ciò resta da valutare, affinché non si confonda la causa con l'effetto. Questo è infatti il rischio di proporre una diagnosi complessiva: si tenta di creare una correlazione consequenziale tra le problematiche supposte pregresse e quelle attuali: il trauma. Questa diagnosi complessiva potrebbe risultare forzosa ed anche dannosa ai fini di una terapia detraumatizzante che, in questi casi si deve basare sulla de-colpevolizzazione e l'empatia, piuttosto che su un'introspezione circa le condizioni della vittima pregresse al trauma. Inoltre bisogna fare attenzione a non incorrere nell'errore clinico o teorico di voler dimostrare una consequenzialità diretta tra una problematica pregressa della vittima e gli effetti della traumatizzazione narcisistica; detto con una metafora provocatoria, si può incorrere nel rischio di voler dimostrare che ad una persona è venuto l'infarto in quanto aveva una scoliosi. Inoltre, invece di comprendere che la patogenicità del narcisismo patologico si accanisce soprattutto nei confronti di persone apparentemente normo-nevrotiche, relativamente sane e adattate socialmente (seppure 'sospettabili' di una nevrosi latente da ferita narcisistica), si rischia di continuare a voler individuare a tutti i costi le responsabilità collusive della vittima traumatizzante con il 'traumatizzatore'. Vedremo che la vera collusione della vittima investe una sua posizione interna rispetto al trauma subito, piuttosto che l'oggetto idealizzato. A mio avviso è necessaria una diagnosi riferita prioritariamente allo stato traumatico, quindi una diagnosi parziale. Perciò sono più propenso a considerare il TdN come un insulto o un infezione che colpisce una piaga, indipendentemente dal fatto che la supposta piaga, essendo tale è soggetta ad infettarsi, ma non necessariamente a ricevere un insulto, un trauma. Da ciò si evince che piuttosto di intravedere meccanicamente una consequenzialità tra una nevrosi da ferita narcisistica e possibilità di sviluppare un TdN, pare più cautelativo considerarne la relativa 'comorbilità', in riferimento alla "doppia diagnosi" relativa alla coesistenza di una sintomatologia psichiatrica e l'uso di droghe (cfr. Rigliano, 2004). La nozione di "doppia diagnosi" che sottende la tossicodipendenza come tentativo 'cattivo' di ottemperare a sofferenze pregresse, dal quale scaturiscono altre sofferenze, può indicare una via per differenziare, pur entro un collegamento, la sofferenza del Trauma d Narcisismo, ovvero l'apice di una relazione affettiva stressogena con un soggetto narcisista patologico, e la sofferenza pregressa della ferita narcisistica della vittima. Il concetto di tossicodipendenza, può anche essere utile per comprendere la dinamica di dipendenza che ha legato e continua a legare la vittima al suo persecutore nell'ambito di una relazione affettiva 'tossica' e anche successivamente a questa. Tuttavia il tossicodipendente sa che sta adoperando una droga e non un medicamento sotto controllo medico, mentre il Trauma d Narcisismo si scatena quando la vittima scopre drammaticamente di aver assunto un veleno, laddove credeva si trattasse di un medicamento, efficace per tollerare l'ambivalenza, ma inefficace, se non con gravi effetti collaterali, per attenuare una sofferenza nevrotica pregressa. Mi scuso per il linguaggio eccessivamente metaforico, che ora include termini quali 'vittima' e 'persecutore', ma poiché sto cercando di proporre un'ipotesi a partire dalla sua elaborazione, ritengo che le metafore, opportunamente evidenziate come tali, consentano di sviluppare una più chiara riflessione. Un mio paziente chiamava la sua partner narcisista patologica, ovviamente non riconosciuta in quanto tale, con il soprannome di 'Elisir', attribuendo ad essa qualità terapizzanti e ciò fino a quando si accorse in modo scioccante che aveva avuto a che fare con un veleno, verso il quale aveva sviluppato una forte dipendenza. Ciò ci fa comprendere che la vittima, durante la relazione affettiva o in seguito ad essa non si pone come 'personalità dipendente', ma in un modo simile al 'tossicodipendente' (che diventa dipendente, ma non lo è per sua struttura di personalità), e differenziandosi da questo in quanto non ne è cosciente.

Queste considerazioni ci inducono a ritenere che la vittima, nel momento in cui è traumatizzata va compresa entro una prima 'diagnosi parziale', quindi indipendentemente da quelle che possono essere le patologie pregresse al trauma, da inquadrarsi attraverso una successiva 'doppia diagnosi'. Così come non possiamo considerare che una vittima traumatizzata da trattamenti disumani nel corso di una guerra abbia contratto il trauma a causa di un suo disturbo pregresso - sebbene è pur relativamente vero che in seguito agli stessi eventi e atti traumatizzanti alcuni soggetti possano non essere stati traumatizzati, non possiamo considerare il Trauma da Narcisismo come conseguenza di un disturbo specifico pregresso - ma come fattore che richiede una sua diagnosi specifica e che fa emergere il disturbo pregresso. Tale disturbo non ha una sua specificità, quindi non è inquadrabile entro una nosografia psichiatrica, in quanto attiene ad una condizione nevrotica, che qui riteniamo possa essere considerata nell'ambito della ferita narcisistica, ma che richiede una diagnosi di carattere complessuale (vedi paragrafo 12).

Ecco allora che la diagnosi da TdN intende interpretare un particolare stato traumatico al fine derivarne *in primis* un approccio terapeutico volto ad una fase di de-traumatizzazione (che include la disintossicazione rispetto alla dipendenza verso il partner traumatizzante), fase che, solo quando giunge ad un maturazione può consentire ulteriori diagnosi e terapie circa la condizione complessiva, complessuale e psichiatrica, pregressa e attuale del paziente. La de-traumatizzazione è matura quando in seguito ad un'accettazione empatica del vittimismo del traumatizzato, si può procedere ad una de-vittimizzazione, la quale passa necessariamente con il riconoscimento delle proprie debolezze psicocostituzionali. Per tale ragione, come ho accennato all'inizio di questo articolo preferisco non accettare la denominazione anglofona di *"Narcissism Victime Syndrome"* in fase diagnostica, in quanto stigmatizza la posizione di vittima, seppure ritengo che questa debba essere accolta nell'ambito di una diagnosi di Trauma da Narcisismo, nonché in una prima fase della terapia. Una diagnosi ed una terapia de-vittimizzante è proponibile solo in seguito alla detraumatizzazione (sul processo di de-vittimizzazione possiamo solo accennare al fatto che esso può avvalersi di una terapia espressiva, ma solo in seguito ad una terapia supportava ed empatica "centrata sul cliente" vedi Rogers, 1961, 57). La diagnosi di TdN, nell'ambito di una relazione terapeutica su base psicodinamica è già di per se stessa 'terapeutica' in termini di de traumatizzazione. Essa consente al traumatizzato di analizzare il partner in quanto soggetto patogeno che è diventato un oggetto interno intrusivo. In tal modo gli 'anticorpi psichici' del traumatizzato potranno riconoscere l'oggetto interno patogeno, circoscriverlo e poi espellerlo. Successivamente sarà possibile curare la ferita e proporre un processo di riabilitazione che considera una ulteriore interpretazione diagnostica che a questo punto non riguarda più l'altro, ma il proprio Io ferito e il proprio Sé che è risultato insufficiente e fallace in un investimento libidico regressivante e distruttivo.

6) La perdita dell'innocenza amorosa nel Trauma da Narcisismo

Certamente, una qualche collusione tra il traumatizzato e il traumatizzante narcisista c'è, dal momento che il *sinnalagma* del contratto amoroso (la sua causa) implica una reciproca prestazione amorosa ed un reciproco investimento libidico, ma ogni contratto ha la possibilità dell'inadempienza, e quindi può cessare per volere della parte che subisce l'inadempienza. Allora dovremmo cercare di capire come mai la vittima da narcisismo patologico non percepisce l'inadempienza da parte del partner e non fa cessare il 'contratto'. Tuttavia dobbiamo anche considerare che la relazione amorosa non implica un contratto (seppure esso si può esplicitare nel matrimonio) ma una reciprocità che chiama in causa il carattere obbligante del dono fiduciario, cioè dello scambio ad usura, per cui si vuol contraccambiare in misura maggiore rispetto a quello che si riceve entro un contesto idealizzato di gratuità e di gratitudine che non prevede alcun contratto. Perciò il senso più sano e più nobile dell'amore presume l'accettazione del rischio che l'altro tradisca o offenda, giacché seppure vi è un vincolo affettivo non vi è un contratto da rispettare, in quanto la relazione si fonda su una 'corrispondenza' fiduciaria libera e gratuita di 'amorosi sensi', e sulla tolleranza reciproca delle rispettive negatività. Detto con le parole di San Paolo, l'amore: *Tutto ammette, tutto crede tutto spera, tutto sopporta* (prima Lettera ai Corinzi). Quindi l'amore originario, genuino e ingenuo è cieco, mentre l'amore vero e verace presuppone un 'grano di sale', una capacità di vedere nell'oscurità, allora potremmo dire che la vittima del narcisista patologico ha la colpa di nutrire un 'amore originario e ingenuo' verso il partner, ma non un 'amore vero'. D'altra parte l'amore originario del quale parliamo, secondo Freud è venato di narcisismo, in quanto presuppone la ricerca di una fusionalità con l'oggetto idealizzato. Quindi la ferita narcisistica, per quanto sia stata elaborata, in determinate condizione può sempre far incorrere nella tentazione di cadere in un innamoramento proiettivo iperidealizzato, nel senso che ci si innamora di una propria proiezione narcisistica sull'altro (e questo il narcisista patologico lo fa pagare a caro prezzo, traendone vantaggio, seppure nell'ambito della sua patologia). In pratica il soggetto con ferita narcisistica (con insufficiente narcisismo sano) si innamora di un soggetto con elevato narcisismo patologico, ritenendo in tal modo di poter ricavarne un rifornimento narcisistico. Ma il narcisismo dell'altro non è sano, è appunto patologico, quindi non restituisce una carica energetica risanante in termini di pulsione di vita. Si resta avvinti in un amore segnato dalla pulsione di morte, quindi regressivante, condizionato dal complesso infantile. Invece un amore 'verace' sarebbe più maturo nel senso di una rinuncia ad una narcisistica 'relazione d'appoggio' (compensatoria del complesso infantile), che quindi riconosce la separazione dall'oggetto, seppure idealizzato, a favore di una relazione 'genitale'. L'aggettivo 'verace' trae ispirazione dall'inizio dell'esagramma n.29 – Kkann - de I King: *Se sei verace hai successo nel cuore* - commentato da Jung, 1949, 24. In termini psicodinamici possiamo considerare l'aggettivo 'verace', nel senso di un 'vero sé' (Winnicott, 1959) o di una sana integrazione delle componenti 'buone' e 'cattive' degli "oggetti sé" (Khout, 1971).

La grande sofferenza provocata dal Trauma da Narcisismo consisterebbe allora nella percezione di aver perso per sempre l'amore originario, e in effetti è proprio così, e con ciò si acutizza uno scenario di colpa, di vergogna, di perdita dell'innocenza e della possibilità di amare e di essere amati. Il peccato 'originario' della persona colpita da TdN consisterebbe in una condizione nevrotica compensata, ma non curata che non ha consentito lo sviluppo di una capacità di amare verace e matura, e, poiché di tale capacità non ha esperienza crede che esista solo l'amore originario. La percezione del progressivo 'avvelenamento' e dell'improvvisa perdita di tale amore originario è la causa scatenante del TdN, che si manifesta come un'angosciante sensazione interna di mortificazione e putrefazione dell'amore oggettuale e narcisistico, attraverso fantasie caotiche e crudeli, e deliri di rovina: in particolare una rovina amorosa, che travolge ogni senso di 'essere nel mondo'. Si tratta allora di individuare nel Trauma da Narcisismo anche una significazione ed un'opportunità iniziatica, affinché si possa elaborare la definitiva perdita dell'amore originario a favore di un amore verace. Tuttavia la possibilità di un amore verace in una relazione di coppia potrà essere confermata ed esperita solo in una eventualità destinale, che quindi non può certo rientrare nelle possibilità effettuali dirette di una terapia, la quale deve però poter consentire la preparazione del soggetto affinché l'eventualità destinale di esperire l'amore verace abbia maggiori possibilità di verificarsi – oppure nello sviluppare nel soggetto un sufficiente narcisismo sano che gli conferisce autonomia nella sua individualità (che non viene più minacciata da una mancanza o da una carenza di amore oggettuale). In ogni caso l'assimilazione di una nuova possibilità di amare, unitamente ad una diagnosi complessiva e di una terapia, che parte dalla detraumatizzazione del TdN e prosegue nella rifondazione del autostima (narcisismo sano) e della cura della nevrosi latente (che ha favorito il TdN) consentirà alla 'non più vittima' di comprendere, sul piano intimo ed emotivo, la differenza tra l'innamoramento verace ed un pur sano coinvolgimento sessuale, senza idealizzazione inopportuna e/o sciagurata, eppure esperito con un senso di gratitudine e di reciprocità.

7) Il Cavallo di Troia del Narcisista patologico nelle relazioni affettive di coppia

Sulla base di tali riflessioni si intuisce di come il Trauma da Narcisismo pur riconoscendo una collusione inconscia della vittima con il partner narcisista patologico, mira a decolpevolizzarla, considerando il trauma come derivabile dalla percezione di un 'avvelenamento' dell'innocenza amorosa, e quindi della sua perdita irreparabile. In tal senso a differenza del Trauma abbandonico, nei confronti del quale è possibile ed è normale la sofferente elaborazione del lutto, il Trauma da narcisismo appare non elaborabile attraverso il lutto, giacché ciò che appare catastroficamente perduto, non è tanto l'amato, quanto la possibilità di amare e di essere amati (cfr. Caruso, 1974).

La diagnosi di TdN rileva altresì, che nella vita intrapsichica della vittima si è installato un vero e proprio oggetto persecutorio/perturbante giudicante e punitivo. La vittima quindi si tortura pensando che per qualche ragione che non gli è nota, ma con tutta probabilità attinente alla sua capacità di amare e di farsi amare, merita la traumatizzazione ad opera del partner narcisista patologico, reale e interiorizzato. Questo però, seppure la vittima lo percepisce durante la relazione in forma larvatamente stressogena, dà luogo al trauma con la scioccante scoperta di aver ricevuto odio (mascherato d'amore) dal partner amato, ed in una modalità ambivalente altamente manipolatoria (vedi Kligman; Culver,1992) che prevedeva un 'falso amore' al fine di mettere in atto manovre di sfruttamento e di distruzione nei suoi confronti. La vittima realizza dunque che durante la relazione ha tollerato un'ambivalenza amore-odio che, seppure era altamente enantiodromica gli sembrava relativamente tollerabile, ma poi scopre che, in verità, si trattava di una terrificante anomalia, in quanto l'apparente versante di amore, più o meno simulato da parte del narcisista patologico, si rivela essere stato una sorta di Cavallo di Troia al fine di poter meglio portare l'odio distruttivo nel 'cuore' della vittima. E' la scoperta traumatizzante di questo Cavallo di Troia che nell'apparenza pareva un dono amoroso, quando invece nella sua interiorità conteneva odio distruttivo, che genera l'evento scatenante del Trauma da Narcisismo. Inoltre questo evento scatenante si installa all'interno della vittima reite-

randosi fino a produrre uno stato di traumaticità che tende a cronicizzarsi piuttosto che a generare un vero e proprio disturbo post-
traumatico. Infatti a differenza dei traumi provocati da cause ester-
ne alla vittima, il trauma da narcisismo pur essendo provocato da
un narcisista patologico al quale si è legati affettivamente, si concre-
tizza in una introiezione della sua figura come oggetto interno persecutorio, la cui patologica ambivalenza genera difese dissociative e
quindi uno stato quasi psicotico entro una traumatizzazione costante, giacché essendo il persecutore anche un oggetto interno non si
riesce a sfuggirvi e neppure ad individuarlo all'esterno, in quanto il
partner traumatizzante reale è vissuto in modo ancor idealizzato,
seppure ormai scisso tra oggetto buono e oggetto cattivo. Se poi
aggiungiamo che la vittima tendenzialmente non viene compresa
dal mondo esterno, ed in qualche modo viene informata da diagnosi o da osservazioni che, pur avendo lo scopo di aiutarla, finiscono
con il colpevolizzarla, allora un clima traumatizzante viene percepito dalla vittima non solo a livello intrapsichico, ma anche interper-
sonale. In molti casi che ho avuto modo di osservare e di trattare
ho dovuto purtroppo rendermi conto che i pazienti si erano rifiuta-
ti di intraprendere una psicoterapia in quanto sin dai primi incontri,
invece di ricevere un conforto in termini 'supportivi', il terapeuta li
invitava, seppure con cautela, ad un percorso 'espressivo' (vedi
Horwitz; Gabbard; Allen; Frieswyk; Colson; Newsom; Coyne,
1996), che comportava l'immediata assunzione di responsabilità,
nonché l'errata auto-attribuzione di etichette psichiatriche da parte
dei pazienti stessi, 'affamati di informazione divulgativa e non', i
quali si torturavano ritenendo di avere disturbi di personalità dipendente, borderline, masochista, bipolari e paranoidei, senza
quindi potersi rendere conto che, innanzitutto erano stati psicologicamente traumatizzati nella loro intimità affettiva, erano cioè stati
puniti e tormentati per aver amato con ingenuità, la quale sarebbe
stata anche la causa colpevole del loro essere stati maltrattati e rifiu-
tati.

8) Il Trauma da Narcisismo come difesa patologica da una minaccia di dissociazione psicotica

Dunque, il trauma di guerra specifico dei troiani, così riccamente mitizzato dal Cavallo di Troia, non sarebbe costituito solo dalla sconfitta, eventualità prevista in ogni guerra, ma dal fatto di aver accettato il dono, come atto fiduciario che, d'altra parte è il presupposto necessario alla pace. Quindi la vittima del narcisista patologico sarebbe traumatizzata per il fatto di essersi fidata dell'apparenta amore dell'altro, il quale in realtà era portatore di una pulsione di morte occulta. A tale riguardo si potrebbe imputare la vittima di eccessiva ingenuità, tuttavia bisogna considerare che la manipolazione seduttiva messa in atto dai narcisisti patologici, più o meno maligni, presume un crescendo di microtraumi, ma anche di altrettanti atteggiamenti e comportamenti riparatori. Solo una volta sopraggiunto il TdN la vittima manipolata si renderà conto che le coccole erano tuttalpiù moine, che la tenerezza era affettata e manieristica, che i pentimenti e le scuse erano strategie pseudo-psicopatiche e che la sessualità veniva concessa in modo appagante e talvolta anche 'speciale' solo in seguito all'acutizzarsi di litigi e tensioni, e quindi che la riparazione consisteva in una sorta di somministrazione anestetica e narcotizzante così che il processo di traumatizzazione in corso fosse sopportabile. Si ricordi la congiunzione etimologica tra narciso e narcotico dal gr. Νάρκισσος; ma in altra derivazione etimologica significa anche 'mina': occulta carica esplosiva, che quindi ha il potere di esplodere dal sottosuolo, ma prima anche di narcotizzare la vittima, di farla cioè cadere sulla mina.

Correlando la narcotizzazione alla ferita narcisistica pregressa, la vittima accettava inconsapevolmente il narcotico, non solo per sopportare la negatività del partner e deliziarsi della sua pseudo positività, ma anche perché ciò le dava un giovamento sintomatico relativamente ad una condizione di sofferenza psichica (nevrotica e complessuale). La cessazione brusca e drammatica della narcotizzazione spiegherebbe dunque l'emergere di un trauma psichico che si esaspera in quanto si accompagna ad un conclamarsi della condizione nevrotica pregressa, la quale però non può essere diagnosticata, né curata, almeno fino a quando non giunge a buon punto un processo di de traumatizzazione/disintossicazione (la mina nel suo esplodere rende evidente il luogo del suo occultamento, ovvero la ferita narcisistica della vittima ove era stata collocata subdolamente, come una sorta di narcotico terapizzante.

Dunque la tossicità-patogenicità del narcisista patologico nei confronti del partner potrebbe essere intesa come lo sviluppo di una narco-dipendenza, che viene acquisita senza averne consapevolezza, fino alla 'esplosione traumatica'. Il Trauma da Narcisismo si scatena allora con la cessazione più o meno improvvisa della narcotizzazione (minaccia abbandonica, agita e poi riparata: 'tira e molla', e poi abbandono) insieme ad una angoscia di morte colpevolizzante, derivata dalla sensazione di essere stati vittima del proprio amore e del proprio amato, il quale fa esplodere la sua carica distruttiva. Il Trauma si stabilizza e si cronicizza in una condizione di autotormento per l'impossibilità di riuscire a comprendersi e per l'estrema difficoltà di essere compresi, in quanto ritenuti responsabili, ovvero malati, per il fatto di aver amato un oggetto inaffidabile. Da tutto ciò la vittima si trova a rivivere una sorta di trauma infantile da seduzione o da abuso sessuale di fronte al quale, come vedremo, pur di non entrare in una scissione psicotica conclamata preferisce inconsciamente di 'restare nel trauma'. Il trauma dunque consisterebbe in una difesa patologica rispetto alla paura di impazzire, per cui la sofferenza viene in un certo senso preferita alla pazzia, ovvero ad una dissociazione che consentirebbe di non soffrire più. Per permanere nel trauma difensivo la vittima deve colludere con un sé congestionato da pulsioni di morte, ed in particolare su due livelli al loro interno contraddittori: il primo è quello che confligge tra assunzione della colpa/connivenza e di converso con la posizione della vittima innocente; il secondo è quello del perdono/comprensione del traumatizzante interno ed esterno, e, di converso del bisogno di riparazione e di vendetta. Si tratta però di due scelte divergenti e al loro interno conflittuali ed oscillanti che presumono una permanenza del trauma e che invece andrebbero elaborate in una prospettiva di de-vittimizzazione che non necessiti di riparazione da parte del partner narcisista patologico e neppure di rivalsa nei suoi confronti (vedi paragrafo 1).

9) Il narcisismo patologico come psicopatia della relazione affettiva di coppia

Ora però si potrà osservare che effettivamente se si ama un oggetto alquanto inaffidabile c'è qualcosa in chi lo ama che non va, e ciò è lampante quando si ama attraverso una mera proiezione ad esempio un killer detenuto nelle carceri (si pensi alla vasta corrispondenza epistolare amorosa intrattenuta con celebri malviventi, come ad es. Vallanzasca). L'amore verso un oggetto inaffidabile presuppone effettivamente un amore malato in chi ama, ma anche curativo ("Io ti salverò") tanto più quanto l'oggetto risulta essere inaffidabile. Per cui possiamo parlare dell'innamoramento malato verso un borderline, verso un tossicodipendente o anche verso un seduttore di mestiere del quale è nota la condotta sessuale promiscua, nonché la sua insensibilità verso l'amore ed una quasi totale indisponibilità alla interdipendenza all'interno di una relazione di coppia (verso la quale si può dichiarare anche semplicemente non interessato, ma in modo esplicito). Tuttavia l'amore viene considerato come una forma di cura (*caritas*), e di accadimento (*fato*) per cui vi è anche il caso che esso possa essere dato per *via naturalis* a chi appare inaffidabile in quanto debole e sofferente. Allora possiamo dire che un amore è invece effettivamente 'malato' quanto più è diretto verso una persona che lo rifiuta, oppure che palesemente non vuole o non è in grado di contraccambiarlo e che quindi in tal senso viene riconosciuta come inaffidabile. Ma il narcisista patologico vuole ottenere l'amore affidabile dell'altro, perciò simula inizialmente una condotta quasi esemplare, riesce ad assumere le sembianze della proiezione idealizzata dell'altro, ed anche si fa scusare e comprendere per le sue idiosincrasie, adducendo a problematiche che lo affliggerebbero, ad esempio la mancanza di un lavoro, un problema di salute sua o dei suoi famigliari, ed altre insoddisfazioni di vario genere per le quali chiede al partner affetto e accudimento. In tal modo, la specifica patogenicità del narcisista patologico agisce attraverso una occulta manipolazione, vale a dire attraverso una strategica simulazione di affidabilità (vedi Lowen, 1983, 93-100; Ballabio, 1993; Mizzau, 1993), e ciò riesce quanto più il narcisista è maligno, cioè è venato da tratti psicopatici. E' ben noto di come gli psicopatici più pericolosi siano quelli capaci di manipolare persino le equipe psichiatriche più preparate, che operano nei luoghi di degenza e che tengono addirittura sotto costante osservazione lo psicopatico, il quale riesce a guadagnarsi la fiducia e a simulare una guarigione, attraverso un falso pentimento e l'assunzione di condotte esemplari anche per anni, al fine di poter riottenere la liberà e di continuare a delinquere ed anche ad uccidere. Ora, il narcisista patologico maligno di certo non intende uccidere fisicamente una categoria di persone o a caso, come potrebbe fare lo psicopatico, ma inconsciamente è mosso dal folle programma di voler uccidere psicologicamente la persona che è riuscito a fare innamorare e che mantiene innamorata a tal fine, attraverso una strategia manipolatoria basata sulla finzione, la menzogna e l'inganno, con un'abilità assai simile a quella dello psicopatico. Inoltre il narcisista patologico preserva una coscienza della sua manipolazione a fini di sfruttamento, ma non è pienamente cosciente (se non in misura dei suoi tratti francamente psicopatici) di voler arrivare ad uccidere psicologicamente chi lo ama, sebbene sia questo il suo vero fine, a prescindere dallo sfruttamento. Infatti il raggiro seduttivo dell'innamorato, con lo scopo di trarre vantaggi, anche solo rispetto ad una cosiddetta 'relazione di comodo', non implica necessariamente quello che è invece il maligno programma narcisistico di voler uccidere psicologicamente la vittima. Un uomo, ad esempio, che voglia intrattenere una relazione sessuale con una donna particolarmente romantica, può manipolarla dandole una illusione di reciprocità amorosa, sbagliando dal punto di vista morale e danneggiando la partner, ma senza per questo volerla 'uccidere psicologicamente', anche perché la sola manipolazione è sufficiente a fargli nutrire un senso di colpa. Ecco allora che nella misura in cui non è un narcisista patologico maligno e conclamato (ma semmai benigno) farà cessare la relazione al più presto o accetterà di chiarirla giacché si assume una responsabilità empatica verso l'oggetto. Lo stesso vale per una donna incline allo sfruttamento per scopi economici e carrieristici (generalmente anche a causa di uno sfondo sociale che la penalizza – cfr Reich, 1973), la quale può sedurre un partner per ottenere vantaggi arrivistici e di profitto materiale, ma senza provare rabbia e odio nei suoi confronti, dileguandosi dalla relazione una volta raggiunti i suoi scopi, ma, nel contempo, cercando di ferire il meno possibile il partner e con una senso di colpa che la costringe a mettersi in discussione e a porgersi nella disponibilità per un chiarimento (ciò se non è narcisista patologica, pur essendosi comportata in modo tipicamente ipernarcisistico). Questi quadri relazionali, che presumono una manipolazione con senso di colpa del manipolatore, o un non odio o rabbia verso il manipolato e persino un suo compatimento, non attengono al narcisista patologico quanto più esso è maligno (un riferimento specifico sul 'senso di colpa' quale fattore essenziale per lo sviluppo sufficientemente sano del sé va certamente a Winnicott, 1956; Lambertino et al., 1991).

Nel narcisismo patologico la vittima viene manipolata non soltanto per essere utilizzata a scopo egoistico (ciò coscientemente), ma perché viene invidiata ed odiata (ciò in modo semicosciente), e quindi va punita attraverso una violenza psicologica che mira a destabilizzarla e a mortificarla nel suo amor proprio e nella sua capacità di amare. E' soprattutto in funzione di questo primitivo desiderio punitivo e di rivalsa, che il narcisista patologicamente maligno si dimostra amorevolmente affidabile, al fine di acquisire la maggior fiducia possibile che, una volta delusa, non implica senso di colpa o riparazione, ma si converte in uno spaventoso voltafaccia per cui l'essere che si pensava di poter amare in quanto 'dava' qualcosa, rivela di aver dato solo a scopo manipolatorio finalizzato, in ultimo, ad una 'uccisione psicologica'. Il TdN, come 'colpo psichico mortale', diventa conclamato quando il narcisista patologico dopo aver portato al punto di massima tensione la relazione, si rivela per quello che è, e nel contempo attribuisce il suo modo di essere ambivalente e il suo disamore, giammai alla sua patologica incapacità di amare, ma all'incapacità del partner di farsi amare, a causa di ogni sua possibile difettosità, dovuta alla sua fisicità, al suo modo di pensare, alle sue idee, alla sua scadente eroticità e così via, secondo una sorta di paranoicità di sé (svalutazione colpevolizzante e distruttiva, esasperata dalla cessazione della 'narcosi pseudomaorosa'). In questa sua difesa-aggressione terminale il narcisista patologico riattualizza in modo acuto e parossistico la sua rabbia primaria e la esprime nel causare un trauma il più possibile invalidante e mortifero per l'altro.

10) Diagnosi parziale e diagnosi complessiva e complessuale degli effetti patogenici del narcisismo nelle dinamiche di coppia

Abbiamo già osservato di come il narcisista patologico è tanto più maligno quanto più dirige il suo bisogno di manipolazione seduttiva, la sua invidia e il suo odio verso persone relativamente sane, ferite ma capaci di dare amore e sufficientemente adattate nella vita sociale. La patogenicità narcisista consiste nell'attaccare organismi relativamente sani al fine di distruggere un bene invidiato, verso il quale si agisce con particolare accanimento manipolatorio e quindi con un'arte della finzione che riesce ad ingannare l'innamorato quanto più si è riusciti a farlo innamorare. In tal senso la patogenicità narcisista è considerabile come un'infezione psichica che penetra nella ferita narcisistica della vittima (ferita relativamente normale, seppure corrispondente ad uno stato nevrotico irrisolto) al fine di disorientarla e far crollare le sue difese immunitarie (il paragone tristemente metaforico fa pensare ad una sorta di Aids psichica che viene trasmessa non tanto e non solo con un coinvolgimento puramente sessuale, ma attraverso un coinvolgimento erotico ed amoroso che in un partner è genuino e nell'altro è edulcorato e simulato). Dunque per molteplici ragioni, pur considerando che la vittima ha le sue problematiche nevrotiche e complessuali, lo stato di traumatizzazione indotto dalla relazione con un narcisista patologico non può essere imputato a condizioni patologiche pregresse e/o silenti fino al momento del trauma. Bisogna considerare però una debolezza costituzionale che predispone al TdN, che fa quindi cedere alla forza di un amore genuino, ma non maturo, non sufficientemente oculato, il che però non può essere inquadrato in modo soddisfacente soltanto entro una 'nosografia psichiatrica', la natura complessuale di una nevrosi presume una diagnosi psicodinamica. Il Trauma da Narcisismo dà quindi luogo ad un infezione psichica della ferita narcisistica, trapassata attraverso la tenerezza di chi lo subisce e attraverso la sua forte capacità di considerare il conflitto amoroso come possibilità di confronto, di elaborazione, di tolleranza e di maturazione. La vittima dunque, nonostante la sua nevrosi più o meno latente, ha una notevole capacità di amare in quanto è capace di rinunciare al suo egoismo narcisistico nella misura in cui è disposta a tollerare la negatività dell'altro e a mettersi in discussione, senza però diventarne schiava, altrimenti il narcisista patologico non la considererebbe attraente per i suoi fini distruttivi verso ciò che appare sano, forte e buono. Il problema sta nel fatto che la vittima del TdN diventa tale e si sente vittima, in quanto non si è resa conto (e fino a quando non si rende conto) che il partner non aveva un'ambivalenza e una negatività 'normale' e 'negoziabile', bensì patologica ed infettante/intossicante (patogena). Si tratta allora di curare le parti della vittima che sono state infettate e con un approccio terapeutico derivato da una corretta diagnosi. Tuttavia occorre una diagnosi parziale, ma 'terapeutica' che qui abbiamo denominato TdN affinché si comprenda che la patogenicità del narcisismo che genera un particolare stato traumatico nella vittima, del quale si deve liberare. Solo in seguito ad un approccio terapeutico detraumatizzante specifico, la vittima potrà poi essere aiutata a ricostruirsi, sottoponendosi ad una diagnosi complessiva e del complesso nevrotizzante che ha reso la sua ferita narcisistica particolarmente vulnerabile alla patogenicità narcisista. Quindi quanto prima viene effettuata la diagnosi parziale TdN tanto prima si potrà effettuare quella complessiva. La diagnosi parziale da TdN deve essere effettuata quanto prima per evitare che l'infezione/intossicazione si cronicizzi e/o venga mal curata, fino a dare luogo a vere e proprie cancrene psichiche e stati di dipendenza affettiva e/o da sostanze, invalidando tutti i campi vitali della vittima, dalla vita intima, emozionale e relazionale, a quella lavorativa e sociale. Ciò che è stato infettato/intossicato è la ferita narcisistica, dato che il narcisista patologico ha la speciale capacità di individuarla e di fingersi come il suo curatore amoroso al fine di sedurre la vittima e di ottenere la sua fiducia e il suo amore. Il narcisista patologico riesce quindi a farsi idealizzare come una sorta di curatore amoroso al quale affidarsi. La vittima crede allora di poter ottenere una relazione d'oggetto, al fine di proseguire l'opera giunta già a buon punto di risanamento della ferita narcisistica; sulle prime ne trae un apparente beneficio che, tuttavia l'allontana dal prendere coscienza della sua nevrosi, poi si invischia in una interdipendenza patologica, durante la quale l'ambivalenza narcisistica patogena si rivela una fonte stressogena e in modo fortemente ambivalente anche gratificante. La vittima tenta allora di fare chiarezza e di difendersi, la sua nevrosi latente le permette di tollerare il narcisista patologico, il quale diventa sempre più manipolatorio, dato che acquisisce coscienza della sua ambivalenza, tuttavia invece di assumersene la responsabilità, la imputa alle 'colpe' di chi la subisce. Il narcisista patologico giunge a sentirsi depauperato dal partner che non sarebbe riuscito a guarirlo, cioè ad avergli fatto provare l'amore attivo, non solo ricettivo; con ciò l'estrema suscettibilità del narcisista sente in pericolo la sua immagine inflazionata e reagisce con rabbia distruttiva. Il narcisista patologico giunge addirittura a credere che il partner si sarebbe approfittato della sua immagine grandiosa per godere della possibilità di amare e non avrebbe dato altrettanto in cambio, ma solo attacchi e critiche alla sua immagine (cosa che gli è intollerabile, giacché la sua autostima è solo apparente, è cioè diretta ad un falso sé, ma è fragilissima verso un vero sé che sembra come 'ritardato' ed 'involuto'). Quindi la rabbia narcisistica (considerabile come un'aggressività difensiva patologica, vedi Fromm, 1973,254-259) si fa sempre più acuta e mira a danneggiare l'oggetto ritenuto cattivo, producendogli una serie di microtraumi con diverse *tattiche e strategie*: dalla minaccia abbandonica perpetuata, inopportuna e spropositata, all'astinenza sessuale, alla svalutazione intellettuale e morale, spesso comparativa rispetto ad altri soggetti, con allusioni esplicite o implicite rispetto al '*sex appeal*' e alle capacità sessuali - fino a dichiarare apertamente il tradimento sessuale ed amoroso - *extradiadic involvement* (EDI), tipico della sua condotta e delle sue fantasie (cfr. Allen; Baucom 2004) – con aria di sadico godimento di fronte allo shock provocato nel partner. Quest'ultimo resta tanto più traumatizzato dall'escalation della violenza psicologica del partner narcisista patologico in quanto tale *escalation* era intervallata in modo estremamente ambivalente da manifestazioni d'affetto e da seduzioni sessuali (vedi paragrafo 1). Da un giorno all'altro, o anche dalla sera alla mattina il partner narcisista patologico può trasformarsi da Angelo in Diavolo e viceversa, ma al fine si manifesta in tutta la sua satanicità dando luogo al TdN, che è una condizione traumatica insorta in modo ondulatorio e altalenante crescente, attraverso microtraumi inferti subdolamente con la maschera dell'ambivalenza. Questa ondulazione stressogena diventa iperbolica nel momento scatenante, e cioè quando la maschera dell'ambivalenza viene gettata via dal partner narcisista patologico per rivelarsi in tutta la sua crudeltà mentale, nel suo narcisismo maligno conclamato ed agito. Attraverso l'osservazione e il trattamento di numerosi casi, sono stato messo al corrente dai pazientivittime circa l'iter patogeno della loro esperienza, quindi dell'acme, e delle modalità di comportamento traumatizzante del partner narcisista patologico, assai sottili e differenziate, eppure riconducibili al pattern strategico e tattico sopra descritto.

Dunque il TdN viene 'preparato' attraverso uno stress crescente che conduce ad un vero e proprio trauma, il quale ha il suo apice, ma non la sua risoluzione come evento, quando la vittima scopre che la sua ferita narcisistica, invece di essere stata curata dal partner - così come sembrava voler fare, malgrado l'esasperarsi aggressivo della sua ambivalenza – era manipolata con l'obiettivo di iniettarvi germi mortiferi. Il TdN poi persiste nel tempo (assume sin da subito in chi lo subisce una precognizione di cronicità) dal momento che la ferita narcisistica infettata/intossicata, genera la sensazione di avere un aguzzino interno (il partner narcisista introiettato), dal quale non ci si può difendere in quanto paradossalmente non se ne può fare a meno. La narcosi narcisista genera dunque dipendenza (vedi paragrafo 8), come una droga che il 'torturatore' dà al torturato, e che appare tanto più potente quanto più riesce a lenire la dolorosità della tortura. Così l'impossibilità di sfuggire o di difendersi dall'evento traumatico, e la 'crisi di astinenza', e l'emergere del dolore prima soffocato, genera una sindrome reattiva costellata da una vasta serie di disturbi psichici e somatici acuti. Nello specifico del Trauma da Narcisismo la sindrome reattiva si esplica nel contesto di un trauma intrapsichico permanente, poiché il traumatizzante è stato introiettato nella dimensione perturbante della psiche, imprimendole un'energia distruttiva duratura della quale la vittima con tutta probabilità non ricorda di aver mai provato nella sua vita ed individuabile nel rimosso di una commistione primaria tra trauma abbandonico e percezione del tradimento.

Faccio allora osservare che la diagnosi parziale TdN si deve poi integrare con la diagnosi complessiva, in quanto analisi del rimosso, analisi che presume una *dia – gnosis*, vale a dire una 'conoscenza a due', che implica un'alleanza tra diagnosta-terapeuta e paziente. In tal senso il processo diagnostico in una psicoterapia introspettiva è anche un processo terapeutico, nel senso di portare alla coscienza del paziente la conoscenza del suo complesso e delle risorse per poterlo gestire e risolvere. Ciò tuttavia presume l'instaurarsi di una relazione terapeutica, che vuol dire dare al paziente la possibilità di sperimentare una 'dipendenza affidabile' che non ha avuto nell'infanzia e che quindi ha posto il binario che ha favorito il conclamarsi del TdN. Tuttavia, fino a quando il paziente presenta una sintomatologia da traumatizzazione, non è possibile richiedergli di collaborare ad una diagnosi complessiva di tipo psicodinamico e introspettivo di qualsiasi orientamento, anche perché il paziente ha paura di ogni dipendenza e quindi tende a rifiutare un processo transferale affidabile. Ciò che si può e si deve fare è mettersi dalla parte del paziente e dargli gli strumenti per analizzare 'analizzare' l'oggetto interno persecutorio (il partner narcisista introiettato al quale è tormentosamente attaccato) giacché egli insiste disperatamente affinché tale oggetto (che comunque ri-proietta sul partner disturbante) venga analizzato e terapizzato. Il paziente attraverso una prima diagnosi parziale da TdN comprende di essere stato traumatizzato da una relazione patogena con un partner narcisista patologico e quindi sente il pressante bisogno di 'analizzare il partner' al fine di comprendere in che senso ha colluso con esso e come fare a liberarsene. Il processo di detraumatizzazione del TdN si compie proporzionalmente all'instaurarsi di una dipendenza affidabile rispetto al terapeuta, vissuto come oggetto buono compensatorio e protettivo. Successivamente sarà possibile effettuare una diagnosi-terapeutica complessiva e complessuale che consentirà al paziente di elaborare le condizioni nevrotiche pregresse che, dalla ferita narcisistica impressa nell'infanzia, lo hanno reso particolarmente vulnerabile al TdN.

11) Trauma da Narcisismo, PTDS e SAS. Differenze e somiglianze eziologiche e sintomatiche

Mentre nel PTDS l'evento traumatico resta extra-psichico e si è ormai concluso, seppure si riattualizzi a livello psichico, nel Trauma da Narcisismo l'evento traumatico è intrapsichico e quindi permane non tanto attraverso la riattualizzazione di immagini ed eventi interiorizzati ed intrusivi, ma come una intrusione permanente che agisce come *estrusione* (parola usata per indicare i procedimenti di pressione a caldo o a freddo che costringono i materiali plastici ad assumere una certa forma). Ciò vuol dire che la vittima permane in uno stato traumatico per via di un processo interno perturbante che la costringe a deformarsi, portandola sull'orlo della dissociazione e facendole percepire un'imminente morte psichica. L'intruso perturbante agisce in connivenza con il 'perturbante' interno alla vittima (il complesso infantile inconscio) che scatena tutto il suo potenziale patologico. Nella misura in cui la vittima riesce attraverso difese più o meno mature ad evitare la scissione e quindi la pazzia, e a preservare l'esame di realtà, tanto più lo stato traumatico non si detraumatizza, vale a dire che la scelta di ' contenimento del danno' per la vittima appare quella di continuare a soffrire atrocemente piuttosto che di impazzire, il che le consentirebbe di rimuovere completamente il trauma, sebbene ad un prezzo inaccettabile. In tal senso, la vittima da Trauma da Narcisismo, così come di altri tipi di trauma, è portata a fare abuso di sostanze psicogene lecite e illecite per attenuare la sofferenza, ma anche nel tentativo di fuggire dalla realtà, di rendersi cioè momentaneamente quasi dissociata al fine di indebolire la persistenza del trauma piuttosto che le sue manifestazioni puramente sintomatiche. Anche per questa ragione la vittima è portata a colludere con condotte e scelte di vita che mirano ad una estrusione della personalità, cioè ad una sua deformazione e piegatura che appare come la sola via per eludere il trauma; in altre parole si avverte il disperato bisogno che per salvarsi bisogna annientarsi nell'essere un altro, con il corollario altamente colpevolizzante e patologico che il proprio vero sé va destrutturato e nullificato (proprio come era previsto nel folle progetto inconscio del narcisista patologico). Ecco allora che la diagnosi e la terapia devono contenere i desideri ed i tentativi di mutazione della personalità a scopo protettivo, ed invece devono puntare a ripristinare le parti buone che si sono ammalate, senza doverle amputare 'psicochirurgicamente' dando l'illusione che sia possibile acquisirne altre in quanto protesi altamente innestate e verosimili. Allora non si tratta di far apparire un'improbabile trasformazione globale come la sola possibilità per guarire e tornare a vivere, ma è pur vero che la cura comporta una forte risposta ristrutturatrice del paziente, e una decisa scoperta del proprio Sé adulto, liberato e creativo, capace di preserverare la sua spontaneità e di riconoscere l'autenticità dei suoi sentimenti e delle sue pulsioni.

La vittima presenta un quadro sintomatico assai simile a quello del PTDS (Disturbo Post Traumatico da Stress), sebbene il DSM IV non indichi le pene d'amore tra le cause possibili di tale disturbo, pur cautelandosi nell'affermare che possono esserverne altre oltre a quelle specificate. Allora potremmo riferirci anche ad un'altra diagnosi, già citata nell'introduzione, che ha un'aria di famiglia con il PTDS e cioè la SAS *Sexual Abuse Syndrome*, la quale è causata da una violenza subìta e reca una traumaticità alla sfera affettiva nei suoi delicati equilibri affettivi e psicossessuali (ed in tal senso appare più vicina al concetto di TdN fino a qui proposto e investigato). In qualche modo il Trauma da Narcisismo nasce dalla scoperta di essere stati violentati sessualmente e psichicamente dalla persona amata, generando nella vittima il sospetto di essere connivente in tale crimine in modo colposo, cioè in modo simile a ciò che avviene nella psiche dei bambini abusati, i quali tendono, a scopo difensivo, ad assumere la colpa dell'abuso su di sé.

L'abuso sessuale perpetrato da una figura di attaccamento può indurre l'attivazione simultanea di posizioni contraddittorie e conflittuali come: 1) meritare gli abusi (Sé come persecutore), 2) essere innocente (Sé come vittima); 3) sentire l'obbligo di perdonare il genitore o l'adulto maltrattante (Sé come salvatore) - (Hesse e Main, 1999). Vedremo nel prossimo paragrafo che nel TdN queste posizioni assumono forme specifiche.

12) Le posizioni conflittuali del Sé della vittima da TdN tra colpa, vittimismo, perdono e rabbia.

Le conseguenze psicopatologiche dell'abuso sessuale potrebbero essere diagnosticate entro un'unica entità nosografica comprendente la manifestazioni di disturbi psicopatologici distinti, ossia il Disturbo post-traumatico da stress, i disturbi dell'alimentazione e il disturbo da abuso di sostanze, il disturbo borderline di personalità (Berti et al..1999).

Nel caso del TdN vi è però una dimensione specifica in quanto l'abuso si sviluppa tra adulti con possibilità di intendere e di volere relativamente uguali. A differenza dell'abuso su un minore che presume la manipolazione seduttiva della sua tenerezza per uno sfruttamento sessuale, il TdN presume una manipolazione seduttiva attraverso la sessualità (cfr. Hurlbert, Apt, Gara, Wilson, Murphy, 1994) per uno sfruttamento 'sentimentale', cioè della capacità del partner di amare e di sostenere una relazione d'oggetto idealizzata.

Va poi detto che seppure la vittima da TdN si sente costretta a subire il trauma con un senso di impotenza, essa sa di potersi sottrarre dall'abuso a differenza del bambino che è costretto a sopportarlo entro l'ambito famigliare. Questa condizione fa sì che il TdN venga percepito dalla vittima come esso appunto è, e cioè una condizione di sofferenza che non dipende solo da un oggetto esterno, ma anche da un oggetto interno che è l'oggetto esterno introiettato, scisso in buono e cattivo, che si continua ad amare e che si odia. Ciò, in un certo qual modo costringe la vittima ad assumere posizioni difensive differenti rispetto a quelle del bambino abusato sessualmente. Possiamo considerare tali posizioni come oscillanti tra due poli contraddittori e a loro interno ulteriormente conflittuali. Un polo consiste nell'assunzione della colpa su di sé, in quanto considerazione di non essere stati capaci di aver fatto innamorare il partner a causa di proprie menomazioni e incapacità psichiche e fisiche, intorno alle quali la vittima si tormenta con lo scopo di comprenderle e di correggerle. Anche quando si accetta che la colpa è nel disturbo dell'altro, la vittima vede la propria colpa come connivenza e, non solo crede di essere responsabile dell'atteggiamento colposo dell'altro, il quale sarebbe stato da essa indotto in tal senso. Questo polo è autoriferito ed ha la sua posizione interna conflittuale nel tentativo di decolpevolizzarsi in quanto vittima innocente, con il risultato di una costante oscillazione tra colpa ed innocenza. L'altro polo è riferito alle responsabilità del partner per cui esso va compreso e perdonato in quanto risulta essere effettivamente patologico, oppure va punito con la vendetta, o va necessariamente coinvolto in un processo di riparazione attivo (scuse sincere e senza alcun tentativo di attribuire alla vittima eventuali responsabilità e colpe).

Per quanto attiene la posizione del secondo polo, la vittima, essendo adulta ha molte possibilità di elaborazione e di agire. Questo secondo polo riguarda la rabbia della vittima che deriva dall'offesa mortale alla sua ferita narcisistica pregressa. Tale rabbia può essere dominata attraverso la comprensione effettivamente analitica della patologia del partner offensore - implicando un perdono per 'semi infermità mentale' del partner. Tale 'semi-infermità' viene addirittura riconsiderata dalla vittima come se si trattasse di una 'malattia passeggera' da essa stessa indotta, e che non si sarebbe verificata con un altro soggetto, ritornando così alla posizione di colpa/connivenza. La supposizione della vittima da TdN circa la possibile esistenza di 'un altro' capace di non far innescare il narcisismo patologico del partner genera una gelosia morbosa e spesso anche corrispondenti fantasie perverse di triangolazione a sfondo masochista, che avviliscono ulteriormente (cfr. De Masi, 199). Un' altra tensione verso il perdono viene agita e fantasticata dalla vittima nell'appellarsi ad insegnamenti spirituali che invitano ad un amore superiore, capace di perdonare l'offensore o anche solo di eliderlo rendendosi rispetto ad esso impassibili, con il rischio di giungere ad una sorta di maniacalità da "teosi" (Hillman, 1976). Tuttavia se la rabbia non viene incanalata in una o in entrambe le direzioni polarizzate sopra esposte (ed anche per questo occorre una terapia detraumatizzante e poi complessiva) essa può scatenarsi attraverso crudeli fantasie vendicative ed agiti francamente aggressivi verso il partner narcisista patologico. A tale riguardo potremmo spiegarci l'insorgere di certi atti di molestia e di persecuzione (*stalking*) verso il partner, o ex-partner, narcisista patologico, il quale poi non esiterà, sin dalle prime avvisaglie di aggressione da parte del partner vittima (il quale, seppure in modo maldestro, esige soprattutto un confronto chiarificatore che gli viene rifiutato) di mettere in atto vere e proprie trappole, al fine di far punire legalmente la vittima che si ribella, per mezzo di querele, denunce e diffamazioni infamanti nei suoi confronti (a questo punto anche con prove e pseudo-prove alla mano). Non è necessario che la vittima commetta vere e proprie molestie o attività di *stalking*, infatti ogni tentativo più o meno pressante di chiedere un confronto sarà interpretato dal partner narcisista patologico come un atto di persecuzione nei suoi confronti (delirio di persecuzione e di querela e sintomi paranoici: tipici del narcisista patologico entro certi contesti e situazioni. Vedi McCullough; Emmons; Klipatrick 2003). Perciò il narcisista patologico maligno, non soltanto ritiene di doversi difendere in modo più o meno legale, piuttosto che prestarsi per un chiarimento, ma medita di impiegare eventuali azioni legali al fine di poter esercitare ritorsioni volte a distruggere psicologicamente la sua vittima. Questa viene ritenuta colpevole ancor prima che accenni a comportamenti di rivalsa e/o di vendetta, i quali confermerebbero ulteriormente la sua colpevolezza posta a priori, in termini di cattiveria, negatività, difettosità e anche di patologia mentale per il solo fatto di mettere in discussione con lamentele e disperate richieste di chiarimento l'Io grandioso del narcisista patologico che si sente perseguitato. A questo punto il narcisista patologico, a prescindere dal suo essere più o meno maligno, assume un carattere altamente patogeno e distruttivo in virtù dell'esacerbarsi della sua inclinazione paranoide, costituendosi, secondo la classificazione di Lowen, nella forma più grave del narcisismo patologico e paranoico (Lowen, 1983, 31).

La diagnosi di TdN se è impiegata in modo oculato per cui non induce ad una difesa vittimistica e ad una colpevolizzazione dell'altro che preclude ogni debolezza e responsabilità personale, implica il riconoscimento del carattere narcisistico e paranoide del partner traumatizzante, e ciò non per colpevolizzarlo, ma per ottenere una suo rigetto attraverso la mobilitazione delle risorse sane del paziente, di una sua de colpevolizzazione e di una sua guarigione della ferita narcisistica che si attua in una ristrutturazione del Sé, e quindi delle modalità di investimento libidico nell'autostima e nell' amore oggettuale. In tal senso la corretta diagnosi di TdN ha una funzione non soltanto diagnostica, ma anche terapeutica.

Lamia,   From old Bestiary.

REPORT da <u>www.albedoimagination.com</u> *Il blog della nuova alba*. Forum e aiuto-aiuto on line e informazione specialistica – oltre 100.000 visite in un anno – oltre 4000 commenti dal 2010 al 2016.

Bugiardi, Ipocriti, Manipolatori Affettivi. Saperne di più per potersi difendere!

Il narcisismo patologico e la ferita narcisistica nel 'vampirismo affettivo'.

Leggere questo articolo e se si vuole parteciparvi con commenti, può essere di grande aiuto a voi e ad altri, ma una prima raccomandazione importante è la seguente: si tratta di informazione partecipata e non di psicoterapia o consulenza online (concepita nel rispetto della deontologia professionale dell'Ordine degli Psicoterapeuti a cui il sottoscritto appartiene). Perciò fatene buon uso, non traete conclusioni affrettate, non fate scelte avventate, non giudicate nessuno e non sentitevi giudicati. Per ogni perplessità cruciale, fate riferimento a specialisti oppure chiedete un consulto personalizzato.

(vedi: www.albedoimagination.com/2013/10/bugiardi-ipocriti-e-manipolatori-affettivi-saperne-di-piu-per-potersi-difendere/

*Nel blog Albedoimagination oltre ad altri articoli sull'argomento vi sono vari link di **video you tube** con Pier Pietro Brunelli su **Narcisismo patologico** e **trauma sentimentale**.*

BUGIARDI E IPOCRITI NELL'ANIMA -- MANIPOLATORI AFFETTIVI -- LOVEKILLER -- VAMPIRI SESSUO-SENTIMENTALI... scientificamente detti: NARCISISTI PATOLOGICI (... patologici ma anche patogeni).

In questo lungo articolo (ricerca partecipata e di auto-aiuto) l'etichetta diagnostica psichiatrica di "Narcisismo patologico" (inteso come tratto e comportamento disturbato) o "Disturbo narcisistico di Personalità" (che riguarda l'intera struttura caratteriale) è da considerarsi un riferimento orientativo e di inquadramento. Le etichette in questo campo non sono mai certe e nonostante si sforzino di raggruppare classi enormi di persone sotto una stessa patologia psichica sono sempre destinate a generare equivoci e massimalismi, in modo particolare nel caso del Narcisismo patologico che recentemente sta creando un vero e proprio terremoto clinico-diagnostico negli USA, che esaspera il conflitto tra diagnosi psichiatrica e diagnosi psicodinamica (si veda alla fine dell'articolo un'importante specifica di aggiornamento). Qui quando si parla di Narcisismo patologico o di DNP lo si fa nell'osservazione di criteri diagnostici psichiatrici adottati per decenni, tuttavia si predilige la figura archetipica (in senso junghiano) del VAMPIRO, il quale può avere molteplici interpretazione (nelle leggende e nei racconti se ne riportano centinaia di tipi e ciascuno sa attraverso le sue esperienze che l'eventuale vampiro con il quale ha avuto o a a che fare ha precise caratteristiche sue proprie, e che per liberarsene vanno esaminate con un analisi specifica (quindi di tipo psicoanalitico), mentre l'articolo può offrire una cornice, in termini di etichette psichiatriche e di ragionamenti psicodinamici generali, seppure ben motivati e di orientamento junghiano).

Detto ciò il lettore non specialista non si senta spiazzato, infatti l'articolo è a vari livelli di lettura, affinché tutti possano comprendere e partecipare, e contribuire anche in termini specialistici.

Introduzione.
Le raccomandazioni e le avvertenze non sono solo importanti, sono fondamentali.

Il presente articolo-studio e i commenti, servono ad ottenere un quadro generale informativo su una patologia della personalità che diventa particolarmente disturbante nelle relazioni affettive: Il "narcisismo patologico", detto anche DNP (Disturbo narcisistico di Personalità).

Oltre a questo quadro viene offerto gratuitamente – a fine articolo -- anche un test per effettuare una prima verifica circa la possibilità di essere stati vittima di una relazione traumatizzante a sfondo narcisistico.

In particolare questo articolo propone una nuova diagnosi il TdN Trauma da Narcisismo e si rifà a studi e ricerche molto approfondite, in parallelo a ricerche effettuate negli USA riferite alla "Sindrome della vittima da Narcisismo" vedi: *Narcissism Victim Syndrome, A new*

La questione è delicatissima poiché la persona traumatizzata di una relazione a sfondo narcisistico soffre terribilmente e questo articolo vuol cercare di aiutare dando una prima informazione. Qualora lettrici e lettori volessero saperne di più al fine di approfondire e di poter trarre un beneficio terapeutico da ulteriori informazioni, consigli, valutazioni, diagnosi, terapie verranno date a chi ne fa richiesta attraverso un colloquio telefonico di chiarimento, e se si vorrà accordarsi con il sottoscritto psicologo-psicoterapeuta per ottenere l'assistenza desiderata.

Leggendo nelle info di questo blog si troveranno ulteriori informazioni a tale riguardo.

Come si osserverà in questo articolo viene proposta gratuitamente una sintesi informativa utile per fare il quadro generale al fine di comprendere meglio la propria situazione particolare, ed anche per partecipare con la propria testimonianza e i propri pareri. Se si desidera qualcosa di più dal sottoscritto: un approfondimento, un aiuto, una terapia si deve necessariamente rivolgersi in modo privato al mio indirizzo e-mail pietro.brunelli@fastwebnet.it (pertanto saranno segnati i titoli di parti di approfondimento che qui non saranno disponibili, ma che si potranno richiedere previo consultazioni private ed accordi). IO RACCOMANDO SEMPRE CHE PER EVENTUALI DUBBI ED ESIGENZE PERSONALI non è assolutamente indispensabile rivolgersi proprio a me, dal momento che, su tutto il territorio nazionale esistono molti bravi psicoterapeuti ai quali potete rivolgervi, traendo da questo blog gratuitamente ispirazioni e indicazioni.

Questo articolo vuole offrire un sostegno informativo gratuito e solidale al massimo livello possibile per quello che si può fare in rete, ma se si vuole approfondire davvero la propria situazione personale, al fine di capire a fondo (molto importante per superare il trauma) e ristabilizzarsi occorre un sostegno personalizzato. Io mi rendo disponibile per fornirlo a chi me lo richiede venendo incontro in tutti i modi possibili, sulla base di chiarificazioni e di accordi personalizzati.

Auguro a tutti di trarre utili informazioni dalla lettura e dalla partecipazione a questo blog altamente qualificato (anche per altri articoli), libero e gratuito. In particolare questo articolo è la base informativa per lo sviluppo di un forum considerabile come una forma di <u>auto-aiuto on line coordinato e informato gratuitamente</u> dal sottoscritto Pier Pietro Brunelli -Psicoerapeuta, particolarmente attento alla problematica in questione -- nel rispetto della deontologia professionale e con l'ausilio di mezzi mediatici (non in presenza e senza alcuna intenzionalità di fare 'psicoterapia di gruppo' on line, né 'telefono amico', ma come partecipante ed informatore esperto -- declinando ogni responsabilità per eventuali interpretazioni o usi errati delle informazioni da me o da altri divulgate).

Il sottoscritto coordinatore/informatore, su richiesta privata, può offrire consulenze informative personalizzate, consulti psicologici ed anche percorsi di assistenza e cura psicoterapeutica.
(vedi pagina info **www.albedoimagination.com/info/**: Informazioni e consulenza psicologica - Psicoterapia).

<u>La partecipazione al dibattito con commenti e pareri da parte di psicoterapeuti, psichiatri, educatori ed esperti di altre discipline che possono aiutare a sviluppare la comprensione del problema in questione è accolta con particolare gratitudine.</u>

AVVERTENZA IMPORTANTE DI BASE

SE QUESTO ARTICOLO DOVESSE TURBARVI IN QUANTO **CREDETE** NON DI ESSERE VITTIMA DEL NARCISISMO PATOLOGICO, MA **DI RICONOSCERVI COME NARCISISTI PIU' O MENO PATOLOGICI** ,RICORDATEVI, QUALORA VOGLIATE CONTINUARE A LEGGERE, CHE **NON SI HA INTENZIONE ALCUNA DI DEMONIZZARVI** -- I RIFERIMENTI IN NEGATIVO SONO RIVOLTI ALLA MALATTIA (Al PECCATO), NON A CHI NE E' PORTATORE (PECCATORE), QUI CI OCCUPIAMO DELLE PERSONE CHE LA SUBISCONO DA PARTE DI CHI NE E'PORTATORE E CHE NON E' PIENAMENTE CONSAPEVOLE -- CAPITA NELLA VITA DI SENTIRSI COSTRETTI A MENTIRE ED ANCHE A MANIPOLARE PERCHE' CI SI SENTE CONFUSI E DEBOLI, QUESTO NON VUOL DIRE CHE SI E' AFFETTI DA NARCISISMO PATOLOGICO -- INOLTRE IN CERTE SITUAZIONI PUO' CAPITARE DI ECCEDERE NEGATIVAMENTE IN MODO NARCISISTICO, QUINDI EGOISTICO E PROFITTATORIO, MA ANCHE IN QUESTO CASO NON VUOL DIRE NECESSARIAMENTE CHE SI HA UN DISTURBO DI PERSONALITA' - SE VI RICONOSCETE IN QUESTO ARTICOLO IN QUANTO NARCISISTI PATOLOGICI ED OLTRE A PROVARE UNA COMPRENSIBILE RABBIA PROVATE ANCHE SENSO DI COLPA E' BUON SEGNO, POTRETE MEGLIO APPROFONDIRE I VOSTRI DUBBI INFORMANDOVI IN MODO CORRETTO ED ANCHE CON IL SOSTEGNO DI UNO PSICOTERAPEUTA.

NEL VOSTRO INTERESSE, NELL'INTERESSE DI CHI VI STA VICINO, NELL'INTERESSE DELL'AMORE, SE AVETE DUBBI INFORMATEVI CON CURA E CON DISPONIBILITA' A COMPRENDERE IN PROFONDITA'... IL DIBATTITO E' QUI APERTO A TUTTI, SE AVETE DUBBI POTETE PARTECIPARE, POTRA' SERVIRVI PER COMPRENDERE MEGLIO LE VOSTRE DIFFICOLTA' MA, IN QUESTO ARTICOLO-DIBATTITO SI DISCUTE DELLE SOFFEREN-

ZE, SPESSO TRAGICHE, DI CHI VUOLE STARE VICINO CON AMORE, AD UNA PERSONA CHE HA COMPORTAMENTI NARCISISTI PATOLOGICI, A CAUSA DI UN DISTURBO DI PERSONALITA' O ANCHE PER ALTRE RAGIONI. PERCIO' ANCHE SE VOI RITENETE O SAPETE DI ESSERE O DI ESSERVI COMPORTATI COME NARCISISTI PIU' O MENO PATOLOGICI IL VOSTRO CONTRIBUTO POTRA' PORTARE DEL BENE A VOI E AGLI ALTRI. **IN TUTTI GLI ESSERI UMANI C'E' IL BENE E IL MALE**, A PRESCINDERE DALLE LORO DIFFICOLTA' PSICOLOGICHE (LA PSICOLOGIA VUOLE IL PIU' POSSIBILE IL BENE PER TUTTI).

TUTTI INGENUAMENTE SIAMO VITTIME E NELLO STESSO TEMPO COLPEVOLI, SIA QUANDO IL NARCISISMO LO AGIAMO SENZA PIENA COSCIENZA IN NEGATIVO E SIA QUANDO, SENZA PIENA COSCIENZA, LO SUBIAMO (E SIA QUANDO NON SI TRATTA DI NARCISISMO, MA DI ALTRO). LA PSICOLOGIA E' UNA VIA PER RENDERCI PIU' COSCIENTI... **SOLO SE, CON COSCIENZA, CI COMPRENDIAMO VICENDEVOLMENTE, L'AMORE E LA PACE PREVARRANNO SULL'ODIO E SULLA GUERRA**, NEI SENTIMENTI PERSONALI, COME NELLA SOCIETA' E NEL MONDO INTERO.

Inoltre raccomando a chi si sente o crede di essere vittima di una relazione con dinamiche narcisistiche disturbanti o anche di altra natura di evitare di 'bollare' il partner ritenuto disturbante con etichette psichiatriche a scopo di ferirlo e di offenderlo. Ricordatevi che quando si soffre per amore si è portati ad accusare il partner anche di colpe che non ha, quindi è sbagliatissimo e pericoloso usare questo articolo per costruirsi un'immagine totalmente negativa del partner, senza poi voler vedere le proprie responsabilità. E' vero che se il partner è un narcisista patologico o ha altro disturbo della capacità relazionale (ad es. borderline) è importante diagnosticarlo, rendersene conto, ma ciò deve servire ad una comprensione e a fare le giuste scelte, innanzitutto nel rispetto di se stessi, e non per questioni di rabbia o di vendetta, comprensibilissime, ma che poi si ritorcerebbero contro chi se ne è lasciato prendere.

Qui si offrono informazioni e dibattito per individuare una cornice diagnostica nella quale comprendere problematiche specifiche che vanno esaminate caso per caso, nella loro soggettività. Per cui la 'cornice' non è sufficiente per comprendere veramente il 'dipinto', essa serve per inquadrarlo, per dare quindi un punto di vista, ma poi per comprendere davvero, se stessi e l'altro, è necessario un esame approfondito capace di andare ben oltre le cornici e i punti di vista prefissati. Questo articolo e questo dibattito non deve costituire strumento per giudicare gli altri e attribuire loro colpe, ma semmai per comprenderli meglio e, senza mai dimenticare anche le proprie responsabilità - nelle ferite che si subiscono e che si infliggono nelle relazioni affettive è essenziale ricordarsi il celebre monito di Cristo: "Chi è senza peccato, scagli la prima pietra".

Pier Pietro Brunelli -- Psicoterapeuta

Presentazione della ricerca.

Narcisismo patologico: un disturbo psichico che uccide l'amore.

La documentazione completa (della quale qui si offre una sintesi) si divide in quattro parti:

- **Prima parte** è di riflessione a riguardo dei manipolatori affettivi, bugiardi e opportunisti in amore (gli approfondimenti, specificati in seguito sono disponibili solo su richiesta, previo accordi).
-
- **Seconda parte** è fondamentale per il sostegno informativo psicologico delle cosiddette vittime (in senso figurato), ma qui non vengono considerate tali, bensì sono considerate persone che hanno subito, a vari livelli, un vero e proprio trauma (che io chiamo TdN Trauma da narcisismo) a causa di una relazione affettiva con partner che, inizialmente riescono ad apparire 'normali', ma che in realtà sono affetti da narcisismo patologico a da DISTURBO NARCISISTICO DI PERSONALITA', disturbo che li rende maligni, distruttivi e psichicamente patogeni (figurativamente 'infetti') verso la persona che disgraziatamente se ne è innamorata, non essendosi accorta della loro ipocrisia e delle loro manipolatorie finzioni seduttive. (gli approfondimenti specificati in seguito, sono disponibili solo su richiesta, previo accordi e chiarimenti personalizzati).

- **Terza parte** riguarda un Test (**Test TdN -- Trauma da Narcisismo**) che serve a capire se effettivamente vi può essere un Trauma da Narcisismo e quale possa essere la sua entità *(il test, non è qui pubblicato, ma viene offerto gratuitamente a chi ne fa richiesta, attraverso e-mail o breve colloquio telefonico)*. Si tratta di un test in via di verifica ed è da intendersi come uno strumento di ricerca, perciò qui non è pubblicato. Chi vuole richiederlo e provarlo, dovrà considerarlo una indicazione di massima che andrebbe poi discussa con uno specialista, ad esempio il proprio psicoterapeuta o con il sottoscritto…

• **Quarta parte** *(qui non disponibile, ma richiedibile in forma personalizzata)* consiste in un'introduzione ad una diagnosi e ad una terapia detraumatizzante e ad una successiva psicoterapia in termini junghiani, che trascende dalle etichette di stampo psichiatrico. La base terapeutica per il TdN consiste nell'aiutare la persona traumatizzata a 'farsi una ragione' di ciò che le è accaduto, affinché vi sia un'elaborazione del male subito dal partner, cioè della 'violenza psicologica' subita nell'ambito di una relazione affettiva *(questa parte non può essere pubblicata on line in quanto va data solo a chi la richiede, in seguito ad un colloquio. Un conto è avere un quadro generale, e qui lo si potrà avere, ma un altro conto è avere un'assistenza personalizzata. Informazioni terapeutiche date senza chiarimenti e specificazioni personalizzate possono avere effetti nocivi e dare luogo a convinzioni errate e dannose)*.

Il lettore che vorrà leggere e partecipare al blog sappia sin d'ora che tutti i commenti e le repliche sono importanti per comprendere, ed in tal senso possono essere di aiuto. Si tratta di una 'ricerca a scopo diagnostico e terapeutico' che è anche un 'working progress' su una tematica assai delicata che investe il tema della sofferenza amorosa entro una sua particolare tragicità e patologicità: il **Narcisismo e le sue conseguenze patogene e traumatizzanti**. Ciò richiede una partecipazione e una lettura non superficiali ed offre a ciascuno la possibilità di dare una testimonianza o un parere che, seppure a diversi livelli di competenza e di esperienza, può donare un prezioso contributo.

PRIMA PARTE
La metafora della vampirizzazione affettiva

Innanzitutto vi propongo una riflessione sui **BUGIARDI PA-TOLOGICI/ MANIPOLATORI AFFETTIVI** in qualità di PSICOTERAPEUTA, ma anche perché ho avuto la disgrazia di imbattermi con una di queste persone 'disturbate e disturbanti' ed ho sperimentato sulla mia pelle, con danni morali e materiali note-volissimi, quanto questa persona fosse bugiarda infida e ipocrita, sicuramente l'essere più falso e diabolico che io abbia mai cono-sciuto in tutta la mia vita. Questa persona si è iscritta su un social network alla CAUSA per la sincerità, addirittura ne ha fatto il suo slogan per presentarsi nelle sue apparizioni on line (chat, forum, ecc.) e nella vita quotidiana. Infatti i bugiardi patologici la prima co-sa che fanno per poter 'esercitare' con maggior astuzia è quella di dichiararsi sostenitori assoluti della sincerità e dei suoi valori. Si tratta di persone severamente malate nella sfera dell'affettività, an-che se appaiono normali in superficie e il loro disturbo può provo-care gravissime conseguenze a chi ne è legato affettivamente. Qui in particolare ci occupiamo di come nel legame affettivo nella cop-pia il **DISTURBO NARCISISTICO DI PERSONALITA' (DNP)** di un partner possa recare una serie sindrome traumatica all'altro partner che ne è vittima. Le persone affette da DNP non hanno quasi alcuna consapevolezza della loro malattia, ad esempio credono che mentire sia giusto al fine di salvaguardare il proprio ego ed ottenere vantaggi, fino al punto di danneggiare gravemente chi è a loro legato affettivamente con comportamenti spietatamente manipolatori, mendaci ed ipocriti. Mentono con una capacità atto-riale da premio Oscar, tanto da apparire sinceri al più attento osser-vatore.

RACCOMANDO LA SEGUENTE AVVERTENZA: va det-to che tutti gli esseri umani possono essere portati a mentire e lo fanno, ma lo scopo del mentire è differente da quello dei bugiar-di/manipolatori patologici e non è così perpetuato. Si può mentire nel tentativo di difendersi, di non far apparire un'amara verità, op-pure perché si è confusi, si hanno timori, si ha la coscienza sporca, e questo è il caso dei mentitori 'normali'… e "chi è senza peccato scagli la prima pietra". Inoltre più si prova dispiacere e senso di colpa per aver manipolato o mentito e più vuol dire che il proprio narcisismo è abbastanza sano e non è patologico. Invece i mentitori affetti da DNP, quelli patologici, non provano senso di colpa, e mentono lo fanno con la precisa intenzione 'semiconscia' di manipolare l'altro, per 'succhiargli il sangue', per ottenere benefici per sé, incuranti di danneggiare l'altro, di sfruttarlo *(IN VERITA' NON SONO DEI VERI E PROPRI CATTIVI, MA PROBABILMENTE HANNO UN DISTURBO PSICHICO PER CUI NON SI RENDONO PIENAMENTE CONTO DI ESSERE POSSEDUTI DALLA CATTIVERIA -- vedi 'Avvertenza importante di base nell'introduzione)*. Costoro sono convinti che l'altro vada trattato così, in quanto invidiano l'altro, invidiano la sua capacità di amare, che loro non hanno, e quindi credono sia giusto raggirarlo e ferirlo per mettere in atto una sorta di 'rivalsa sul mondo', affinché ottengano quello che secondo loro gli spetta e che perciò va ottenuto anche con la frode, l'ipocrisia, la menzogna perpetuata, avente pure l'obiettivo di procurare un danno e incutere sofferenza. Perciò, mi raccomando, se dite delle bugie, o vi trovate in una condizione confusa, per cui vostro malgrado state recitando un copione, ma vi dispiace di farlo, vi sentite anche in colpa, allora non dovete immedesimarvi in alcun modo con il soggetto patologico di cui ci stiamo occupando, e cioè nello specifico il soggetto affetto da DNP *(narcisismo patologico divenuto struttura caratteriale)*, che con diversi gradi di malignità mente per una strategia manipolatoria volta a sfruttare l'altro ed anche a distruggerlo psicologicamente (questo chiarimento era necessario altrimenti alcuni lettori potrebbero fraintendere e sentirsi erroneamente messi in causa, sul banco degli imputati: no, gli imputati di cui ci stiamo occupando sono tutt'altri, potremmo definirli: 'criminali del cuore', per usare una metafora pseudo giudiziaria, oppure 'vampiri' nel senso della legenda).

Avvertenza: differenze tra disfunzionalità 'normali' della coppia recanti 'pene d'amore' e relazioni affettive francamente patologiche, dovute principalmente ad un partner con DNP o altro disturbo.

Quindi, specifichiamo meglio, per evitare sin da ora fraintendimenti: anche gli amori più belli possono finire e ciò può generare grandissime sofferenze. Incomprensioni e delusioni amorose generano sofferenze, equivoci, nonché comportamenti 'cattivi' o errati. Inoltre se si viene abbandonati, accade spesso che l'abbandonato proietti sul partner abbandonante colpe e cattiverie molto superiori a quelle che ha. Lasciare una persona, o avere con essa una relazione affettiva problematica, non significa essere per forza cattivi. Quindi invito lettrici e lettori, partecipanti e non, a non interpretare le informazioni qui riportate nel senso del **vittimismo generalizzato**'. Capita, per moltissime ragioni che l'amore generi conflitti dolorosi e che strade, che prima erano unite, si dividano, e a quel punto può succedere anche di farsi reciprocamente del male, per rabbia, nervosismo, incapacità di sostenere il dialogo, rivalsa, ecc. ... Ma qui non ci stiamo occupando di queste situazioni che, pur generando grande sofferenza, sono relativamente normali, oppure che hanno una inclinazione patologica, ma che non sono riportabili alla specificità della relazione patologica a sfondo narcisistico.

LA PAROLA 'VITTIMA' (adoperata ad esempio negli USA -- *Narcissism victime Syndrome* -- o in alcuni forum -- dovrebbe intendersi solo in SENSO FIGURATO. QUI SI PROPONE INVECE DI **NON ENTRARE NEL 'VITTIMISMO'**, MA DI CONSIDERARSI COME PERSONE CHE HANNO SUBITO UN TRAUMA PSICOLOGICO A CAUSA DI UNA RELAZIONE CON UN PARTNER NARCISISTA PATOLOGICO

Qui ci occupiamo di una relazione a sfondo narcisistico, nella quale il narcisista patologico, a diversi livelli di patologicità, esercita una finzione e un'ambivalenza quasi costanti allo scopo di manipolare, sfruttare e ferire psicologicamente una persona che è riuscita a sedurre. Si tratta di meccanismi distruttivi parzialmente inconsci, agiti senza piena consapevolezza, che purtroppo possono emergere anche nelle relazioni affettive relativamente normali, o affette da altre problematiche, tuttavia quando caratterizzano la relazione in modo costitutivo, continuativo, esacerbato e conclamato, danno luogo ad una tipica relazione distruttiva a sfondo narcisistico.

Quindi nel leggere questa ricerca bisogna cercare di capire che, un conto è essere vittime dell'amore (delusione amorosa), un conto è essere vittime di un amore malato a causa di un partner con DNP, il quale -- in modo semi-inconsapevole -- ha generato una relazione subdola e stressante, fino al punto di provocare una sindrome traumatica da narcisismo (TdN) nell'altro partner. Questo inquadramento della patologia del partner patogeno e disturbante è importante affinché se se ne viene traumatizzati si possa capire cosa è successo. Qui lettrici e lettori potranno ricavare informazioni per un inquadramento generale, in termini psicopatologici e psichiatrici, poi però questa 'analisi del partner con DNP deve essere fatta su misura, cioè in modo specifico, in quanto ogni portatore di DNP è diverso da un altro pur proponendo comportamenti patologici riportabili ad una classificazione generale.

Solo in un secondo momento, dopo aver a fondo compreso la patologicità del partner, si arriverà a capire che questi è riuscito a sedurre e a manipolare approfittandosi di una ferita narcisistica che la vittima trascurava o non sapeva di avere (la ferita narcisistica consiste in una carenza o un disequilibrio d'amore verso se stessi). Anche qui ci troviamo di fronte a considerazioni utili per un inquadramento della situazione, ma poi ciascuno deve riuscire a comprendere la specificità della propria 'storia', da solo o con l'aiuto di uno psicoterapeuta... l'importante è avere la serenità e l'onestà di capire se ce la si fa da soli o se si ha bisogno di un sostegno e nella misura che si ritenga necessaria. Qui si propone un sostegno informativo, ma una consulenza psicologica vera e propria la si può ricevere solo se la si richiede, per cui l'informazione diventa personalizzata ed ovviamente ha un'altra efficacia.

L'importanza di un informazione psicologica per un quadro generale; capacità di elaborare considerazioni rispetto alla propria specifica situazione

In questo articolo troverete un elenco di questioni che sono state approfondite e che quindi possono perfezionare l'inquadramento del problema e di suoi specifici aspetti cruciali, tuttavia si tratta di approfondimenti riservati a specialisti o a coloro che volessero richiederli, ma in seguito ad un colloquio, e ciò al fine di non creare equivoci attraverso un 'troppo approfondimento', ma in una direzione sbagliata. Tuttavia chi vuole approfondire può farlo sia partecipando con i suoi commenti al blog e sia in forma privata contattandomi e chiarendo cosa si desidera.

L'importanza di una informazione personalizzata serve anche a comprendere se effettivamente si è stati disturbati e traumatizzati da una relazione prevalentemente a sfondo narcisistico, o a causa di altre patologicità, ad esempio borderline, o anche essenzialmente, come abbiamo detto sopra perché purtroppo le pene d'amore nella vita sono quasi inevitabili per maturare e per imparare ad amare.

Differenze e concomitanze tra DNP e Disturbo Borderline

La differenza fondamentale tra la patologia borderline e quella narcisista (DNP), è che la prima è **egodistonica**, cioè fa soffrire chi ce l'ha, il quale la vuole curare, la seconda invece è **egosintonica**, chi la ha non se ne accorge e ne trae vantaggi nell'immediato. Inoltre la patologia borderline appare più evidente, non solo al partner, ma anche ad altre persone, non necessariamente coinvolte sul piano emotivo ed affettivo, mentre il narcisismo patologico risulta evidente e patogeno (ad un certo punto del rapporto) e quasi solo al il partner che lo subisce -- mentre altre persone non lo notano, anzi possono credere che il narcisista patologico sia una persona brillante, simpatica, equilibrata e perfino spontanea. In verità il suo disturbo si scatena in modo molto distruttivo nei confronti di chi lo ama.

Altre precisazioni sul DNP

Nella scala dei disturbi psichiatrici i narcisisti patologici, bugiardi/manipolatori/distruttivi (DNP), vengono poco prima degli psicopatici, ovvero dei serial killer, cioè di quelle persone disturbate che oltre a mentire e a praticare violenza psicologica senza 'senso di colpa, né di pietà', commettono anche atti di estrema crudelta' fisica. I bugiardi patologici narcisisti ovviamente non arrivano a tanto, ma con la loro violenza psicologica, pregna di atteggiamenti e comportamenti ingannevoli e manipolatori, possono – senza farsi il minimo scrupolo – generare immani sofferenze nelle loro vittime/prede (loro le credono tali) e in alcuni casi possono giungere ad istigare al suicidio.

Purtroppo capita sempre più spesso, data la cultura narcisistica in cui viviamo, di incontrare e conoscere persone con tale grave disturbo, aventi nuclei psicotici narcisisti, che li portano a mentire costantemente con obiettivi di spietato egoismo; essi si presentano con grande attorialità ("ipocrita", nell'antica Grecia significava attore) e astuzia come persone buone, sincere, magari aventi una carenza affettiva o vittimismo che chiede rassicurazione... tutto ciò come copertura al fine di poter mentire e raggirare con maggior efficacia la vittima/preda sedotta. Perciò è molto difficile riconoscere i narcisisti patologici e si può facilmente diventarne vittima nelle relazioni di amicizia, di lavoro e, ancor di più, sentimentali (però poi è meglio non considerarsi vittima, ma persona che ha subito un torto o addirittura un trauma TdN).

L'attorialità del narcisista è diversa da quella dello psicopatico che finge di essere una persona normale, ma è consapevole di voler uccidere; il narcisista finge sul limite tra consapevolezza ed inconsapevolezza, lui/lei si identifica con il suo personaggio 'super e speciale', ne viene posseduto, così agisce nel bene e nel male sentendosi nel giusto e con una strana e inquietante spontaneità. Non si rende conto di quanto sia ambivalente e manipolatoria la sua modalità di agire nel bene e nel male, pertanto la persona che vi è legata affettivamente non capisce con chi veramente ha a che fare... a mano a mano che lo scopre ne viene sempre più traumatizzata. Si tratta di un trauma della sfera affettiva molto forte, che nonostante l'evidenza, non riesce a far capire chiaramente la negatività del narcisista patologico verso il quale si sviluppa una spaventosa dipendenza affettiva: si sente di amare un 'mostro', il ché è ulteriormente traumatizzante.

Ogni narcisista patologico è diverso da un altro, per difendersi dai suoi comportamenti disturbanti è importante comprendere la sua specificità. Le informazioni fino a qui fornite danno un quadro generale, ma se si vuole approfondire la conoscenza di 'quel narcisista patologico' è indispensabile un colloquio, dove viene riportato un racconto il più possibile dettagliato circa i comportamenti ambigui del partner e della violenza psicologica subita.

Ogni caso è diverso, anche se conviene almeno in quadrarlo in termini generali, sebbene poi va analizzato nello specifico.

Prima di passare alla seconda parte, qui di seguito, due brevi brani di approfondimento a cura di altri autori:

MENTIRE L'AMORE

Secondo uno studio americano i narcisisti amano troppo se stessi per riuscire ad amare gli altri. Secondo uno studio statunitense, pubblicato sul "Journal of Personality and Social Psychology", non sono in grado di mantenere relazioni sentimentali felici e durature. Per il "narciso", l'amore è un gioco in cui fare sempre la "parte del leone", in cui mantenere sempre il poter anche a costo di mentire, tradire e umiliare il partner. La personalità narcisistica è poi risultata incompatibile con la possibilità di stabilire relazioni sentimentali soddisfacenti, durature e affettivamente importanti.

Infatti, nonostante sia vero che per amare gli altri bisogna prima di tutto amare se stessi, i narcisisti, in realtà, non amano veramente se stessi ma si sopravvalutano continuamente, a   spese di chi sta loro vicino. Lo studio mette poi in guardia chi cerca un partner: "attenzione a non confondere il narcisismo con l'autostima", perché l'autostima si concilia benissimo con la capacità di amare, il narcisismo implica necessariamente lo sfruttamento e l'umiliazione del partner. Certo, spesso i narcisisti sono estremamente affascinanti ma, alla "prova del cuore", rivelano gradualmente la loro vera natura: egoisti, infedeli, manipolatori, prepotenti ... (www.redazione di Staibene.it).

MANIPOLARE, OVVERO LA MENZOGNA STRATEGICA E PERPETUATA

Il manipolatore relazionale è un tipo di personalità patologica narcisista, egocentrica; un vampiro psico-affettivo che si nutre dell'essenza vitale delle sue prede. Critica, disprezza, colpevolizza, ricatta, ricordando agli altri i principi morali od il perseguimento della perfezione, ma questo solo quando gli torna utile. E per raggiungere i suoi scopi ricorre a raggiri, ragionamenti pseudo-logici che capovolgono le situazioni a suo proprio vantaggio. Spesso la sua comunicazione è paradossale: messaggi opposti in *double bind*, a cui è impossibile rispondere senza contraddirsi; oppure deforma il significato del discorso. Si auto-commisera, si deresponsabilizza, non formula richieste esplicite e chiare.

Eppure non tollera i rifiuti, vuol sempre avere l'ultima parola per trarre le sue conclusioni, pur non condivise. Muta opinioni e decisioni. Soprattutto mente, insinua sospetti, riferisce malintesi. Simula somatizzazioni ed autosvalutazioni, ma dimostra sostanzialmente disinteresse affettivo.

Si tratta, insomma, di personalità disturbate e disturbanti, con cui ci si può legare sentimentalmente per venire immancabilmente destabilizzati dalla loro perfida influenza (Giuseppe M. S. Ierace in http://www.nienteansia.it/).

Vedi: Nazare-Aga, I. *La manipolazione affettiva*, Castelvecchi, Roma, 2008

Hirigoyen, M.-F. Molestie morali. *La violenza perversa nella famiglia e nel lavoro*, (Le harcèlement moral, Syros, Parigi 1994), Einaudi, Torino, 2000

***

PRIMA DI LEGGERE TESTIMONIANZE E COMMENTI E, SE VOLETE, DI PARTECIPARE SCRIVENDO VOSTRE OSSERVAZIONI E ULTERIORI TESTIMONIANZE, VI PREGO DI LEGGERE La SINTESI DELLA 'SECONDA PARTE', AVENTE IMPORTANTI CONSIDERAZIONI DIAGNOSTICHE PER COMPRENDERE IL TRAUMA DELLE VITTIME DI PARTNER OPPORTUNISTI, BUGIARDI, MANIPOLATORI – ovvero partner che – in termini di 'spiegazione psichiatrica' - possiamo considerare come affetti da DISTURBO NARCISISTICO DI PERSONALITA' (DNP).

Il DNP nei termini della psicologia di orientamento junghiano si può 'comprendere' come inflazione della PERSONA-MASCHERA dietro la quale resta fortemente scompensato il **'lato oscuro'** – **l'OMBRA** – una parte dell'inconscio presente in tutti gli esseri umani, e che in determinate condizioni può dare luogo a modi di essere e di fare negativi e maligni, per gli altri ed anche per se stessi – **ciò è qui solo accennato ed è contenuto nella quarta parte di questa ricerca, parte che non è pubblicata (affinché non generi equivoci) è possa essere fornita in modo personalizzato e su richiesta** questi approfondimenti terapeutici sono disponibili solo su richiesta, in forma generica o personalizzata, previo accordi e chiarimenti).

Nella sintesi della Terza parte viene offerto Il **Test TdN** per verificare se effettivamente si è stati colpiti da tale trauma affettivo (o
di altro tipo) e ancora lo subisce, ed ottenere un'indicazione circa il
livello di traumatizzazione in corso.

SECONDA PARTE
L'ipotesi diagnostica di TRAUMA DA NARCISI-SMO (TdN)

I narcisisti patologici: Vampiri psicoaffettivi traumatizzanti

Tutti i narcisisti patologici sono più o meno maligni a seconda della situazione, basti dire che si approfittano dell'amore altrui a scopo egoistico e manipolatorio. Tuttavia bisogna capire che sono semi-inconsapevoli della propria malignità -- si veda la **Importante avvertenza di base nell'introduzione**. Tutti possiamo agire in modo negativo, talvolta anche deliberatamente, però nella misura in cui proviamo senso di colpa e poi anche il pentimento, non siamo affetti da narcisismo patologico (può darsi che abbiamo altri problemi, o che semplicemente abbiamo agito male). Come ha dimostrato Winnicott la base istintuale, prima ancora che culturale, per uno sviluppo individuale ed equilibrato dell'essere umano è nella capacità di provare 'senso di colpa'. I narcisisti sono tanto più patologici (maligni) nella misura in cui non provano senso di colpa e quindi per nutrire il proprio egoismo, giungono all'invidia, alla manipolazione e all'odio (in modo particolarmente assurdo verso chi li ama e ne ha fiducia). Voglio però ricordare che ci sono patologie o complessi ove il senso di colpa è percepito in modo esagerato oppure ingiustamente auto-accusatorio, quindi provare un senso di colpa 'sbagliato' non è indice di un buon equilibrio, ma è indice che il proprio disequilibrio non è di carattere narcisista.

Secondo diverse ricerche, nella maggioranza dei casi i narcisisti patologici sono uomini (per cui le vittime sono maggiormente le donne), ma quando si tratta di donne, il disturbo può diventare più subdolo e maligno (probabilmente perché le donne gravemente narcisiste covano un'invidia e una rabbia vendicativa maggiore per via dei retaggi di una tradizione penalizzante per il femminile). Tuttavia, che si tratti di uomini o di donne, esistono tipologie particolarmente maligne di narcisismo patologico, seriamente disturbante e traumatizzante per il partner. La cattiveria semi-consapevole che caratterizza questa patologia si abbatte in modo particolare sui partner, in quanto i narcisisti patologici hanno inconsciamente nella mente la diabolica idea di doversi poter vendicare su qualcuno che attraverso l'innamoramento è caduto sotto il loro dominio, e il loro bisogno di vendetta è dovuto al fatto che credono di essere stati svalorizzati e sminuiti dalla famigli e dal mondo in generale, sentono che la vita gli fa subire torti enormi che li rendono deboli e insicuri, perciò devono farla pagare a qualcuno. Il narcisista patologico la fa pagare psichicamente alle persone che hanno la disgrazia di innamorarsene, producendole continui 'microtraumi' fino a provocarle una vera e propria sindrome traumatica dagli esiti che possono essere gravi e persino fatali. Invece lo psicopatico, il serial killer', cova anche lui/lei una forte invidia primaria, e allora ha bisogno di vendicarsi, ma a differenza del narcisista adopera la violenza fisica e nei confronti di persone che, spesso, sono ritenute appartenenti ad una certa categoria. Raramente i narcisisti richiedono di essere curati (se dovesse chiederlo è buon segno), a meno che una profonda crisi dovuta ad un lutto o ad una disgrazia non li porti ad uno stato di depressione che li costringe ad una terapia. Ma ad un certo punto la malattia evolve, in genere intorno alla terza età, sviluppando disturbi di tipo schizoide, bipolari e ansioso depressivi che costringono il narcisista a doversi curare anche se poi si possono tuttalpiù contenere i sintomi. Bisogna quindi pensare che queste persone, che a causa del loro disturbo hanno fatto molta male nella vita affettiva la pagheranno molto cara, (a meno che non riescano ad impegnarsi, per necessità o per illuminazione, in un cammino di guarigione, lungo e difficile, che passa necessariamente attraverso il riconoscimento dei danni inflitti al loro prossimo e quindi nel volersi scusare in modo sentito, profondo e sincero -- cosa però, estremamente improbabile).La malattia dei narcisisti patologici fa ammalare chi intrattiene con loro relazioni affettive, nella coppia, nella famiglia e nell'amicizia. Ho quindi proposto di chiamare con il nome di **TRAUMA DA NARCISISMO (TdN)** l'effetto traumatizzante della relazione affettiva con un narcisista patologico. Non si tratta solo di dare un nome ad una sindrome (peraltro riconosciuta, anche se non molto esplorata), ma di inquadrare una nuova diagnosi al fine di poter procedere per una corretta terapia.

L'immaginario popolare, ripreso da artisti, letterati e registi rappresenta i narcisisti maligni come vampiri, i quali desiderano il sangue di persone sane, e l'ottengono approfittandosi delle tenebre, vale a dire di una relativa cecità della vittima dovuta ad uno stato di innamoramento indotto in modo seduttivo e manipolatorio. Le vittime/prede dei narcisisti patologici che subiscono il TdN (Trauma da Narcisismo) possono essere comprese figurativamente nel senso di essere state 'vampirizzate' da un 'vampiro psicoaffettivo'.

I narcisisti patologici adoperano quindi deliberatamente la sessualità, ma anche la falsa e artata tenerezza, per far cadere la vittima/preda in uno stato di intorpidimento della consapevolezza, per conquistarne la fiducia e l'amore (che appunto e cieco) al fine di nutrirsene per scopo egoistico.

Al narcisista patologico piace immensamente sedurre, quindi adopera ogni suo talento per riuscirci, e ci riesce proprio in quanto è capace, inizialmente, di assumere le sembianze del 'sogno d'amore' della vittima... sogno che poi diverrà un incubo. Inoltre il narcisista patologico, non potendo amare normalmente è invidioso della capacità del partner di amare, a tal punto da volerlo distruggere, logorandolo sottilmente e arrivando in certi casi ad indurlo all'autolesionismo e al suicidio. Molti testi psichiatrici considerano il DNP (Disturbo narcisistico di personalità) come un grave disordine mentale che mira a generare la pazzia negli altri (è qualcosa di satanico che soltanto le vittime possono comprendere in tutto il suo orrore); vedi l'articolo assai tecnico e specialistico di N. Lalli: www.nicolalalli.it/pdf/ricerca/narcisismo.pdf.

I narcisisti più maligni si riconoscono perché non piangono mai o quasi mai, inoltre umiliano sadicamente il partner con molteplici modalità, specialmente quando la relazione si sta ultimando, allo scopo di distruggerlo moralmente. Come narra il mito di Narciso, il quale istigava i suoi ex-amanti al suicidio, purtroppo il narcisista maligno può giungere anche a questo. La malignità si può' esprimere anche attraverso denunce alla polizia per il solo fatto che il partner chiede una spiegazione. Inoltre la malignità si esprime anche attraverso la diffamazione del partner presso amici e anche persone che il partner-vittima non conosce. Le vittime/prede di un narcisista è come se fossero state contagiate da un virus psichico (fortunatamente non è AIDS, ma qualcosa di simile sul piano mentale: una sorta di immunodeficienza psichica, anche se il paragone può considerarsi tragicamente infelice, in quanto chi è colpito da Aids ed applica ogni cautela può essere di certo meritevole di grande amore, ma chi trae godimento nel suo narcisismo patologico nel manipolare e violentare psicologicamente la persona che lo ama, infettandole veleno psichico, certamente NO). Quindi è come se le persone traumatizzate da un narcisista patologico fossero entrate in contatto con un potente veleno, ad esempio l'amianto, o scorie radioattive, e quindi sono intossicate. Le persone infettate/intossicate da un narcisista cattivo e distruttivo attraverso una relazione affettiva manipolatoria, perdono le loro difese immunitarie nei loro punti deboli, per cui i loro problemi o le loro debolezze, a livello psicologico e umano, si acuiscono pericolosamente. Vi è poi un forte crollo dell'autostima per cui ci si sente brutti, incapaci, insicuri in quanto appare inconcepibile di essere stati trattati con tanta violenza psicologica dalla persona amata. Si viene invasati da una sorta di 'delirio di rovina' che fa sentire perduti, senza più speranze, senza più un senso nella vita, con la morte nel cuore. Dunque, quando parliamo di un narcisista patologico è chiaro di chi stiamo parlando? con chi abbiamo avuto a che fare? Signore e Signori, come si dice comunemente, stiamo parlando di **UN PAZZO/A! (Come modo popolare di esprimere un disturbo nell'ambito dell'affettività)**, ne siamo stati infettati; non ci resta che curarci con pazienza e amore di se stessi. La pazzia non è da intendere solo come l'essere fuori dalla realtà, ma anche nelle sue forme lucide, che non alterano le funzioni cognitive o l'esame di realtà, ma che sono comunque pericolose per sé e per gli altri. Uno psicopatico serial killer, nella vita di tutti i giorni, sembra una persona assolutamente normale. Un narcisista di tipo maligno si differenzia dallo psicopatico perché non uccide, non esercita violenza diretta, ma comunque attua comportamenti volti a danneggiare tutti coloro che per errore si fidano di loro, nell'amore, nell'amicizia, nelle relazioni parentali. Si tratta quindi veramente di una forma di pazzia, la quale ha il potere di far impazzire chi ne viene ingenuamente a contatto. Inoltre chi ne può venire a contatto non è assolutamente detto che sia un 'ingenuone' in quanto i narcisisti come gli psicopatici sono così subdoli che spesso non vengono riconosciuti neppure dagli psicoterapeuti e dagli psichiatrici (se non dopo attentissime osservazioni). Tuttavia va detto ancor una volta che le persone più soggette e predisposte ad essere infettate dal narcisismo patologico sono quelle con una 'ferita narcisistica' la quale fa sì che esse abbiano meno anticorpi, e quindi meno capacità di salvaguardarsi in tempo, nonché di reagire per guarire. Ciò le rende pericolosamente vulnerabili alla traumatizzazione da narcisismo patologico la quale va ad infettare una ferita preesistente, occulta e non curata. Se una ferita si infetta c'è il rischio che l'infezione si espanda a tutto l'organismo. In genere, restando nella metafora della salute corporea, quando una ferita si infetta, gli anticorpi provvedono ad arginare l'infezione in modo piuttosto spontaneo, ma se la ferita è troppo profonda, gli anticorpi non bastano, bisogna disinfettarla e poi suturarla con dei punti. Se poi gli anticorpi sono indeboliti anche una ferita superficiale può diventare pericolosa. L'infezione psichica trasmessa dal narcisismo patologico ha due effetti devastanti: dilata e approfondisce la ferita e depotenzia e disorienta gli anticorpi, cioè il sistema immunitario -- in tal senso provoca una sorta di AIDS psichica, e, seppure, questo paragone può risultare infelice, per certi aspetti risulta efficace al fine di comprendere la persona traumatizzata; tuttavia le persone traumatizzate da narcisismo patologico non si spaventino, le cure ci sono e sono efficaci, ma necessitano di un loro impegno, di una loro volontà di curarsi. Soprattutto è importante, al fine di attivare correttamente gli 'anticorpi psichici' di capire che il partner narcisista introiettato (vissuto dentro di sé) è un 'oggetto idealizzato' malato. Ecco perché un informazione corretta può essere considerata l'avvio ad una terapia. Solo se si ha coscienza, se si è informati, la psiche può reagire -anticorpi -- verso il disturbo/malattia, altrimenti se si è nel TdN, gli anticorpi (sempre in senso figurato) agiscono in modo errato, o contro se stessi, o contro altri (anche persone vicine, amiche o terapeuti) e poi anche contro il partner narcisista patologico in carne ed ossa (in quanto ci si dimentica, o non si vuole accettare che questi è una persona davvero disturbata).

Differenze e concomitanze tra Trauma abbandonico e Trauma da Narcisismo

La sintomatologia della vittima – che io definisco come colpita da TRAUMA DA NARCISISMO (TdN) - può dare luogo ad una sindrome più o meno grave e va curata onde evitare peggioramenti. Va detto che quando si viene abbandonati si può subire un TRAUMA ABBANDONICO di maggiore o minore intensità, che è già di per sé assai doloroso e sconvolgente, ma se a questo si aggiunge il TdN – TRAUMA DA NARCISISMO – la situazione diventa ancora più grave, in quanto il partner narcisista, oltre ad abbandonare, mira a distruggere, umiliare, ferire, offendere il partner che viene abbandonato. Quest'ultimo, cioè la vittima del narcisista, può sviluppare una vera e propria sindrome traumatica specifica, che negli Stati Uniti è stata già evidenziata da qualche anno, ma che in Italia non è ancora chiara (**vedi**: "Narcissism Victim Syndrome", A new -- http://samvak.tripod.com/npdglance.html). In pratica si pensa soltanto ad un trauma abbandonico – esasperatosi per problematiche soggiacenti nella vittima – e non si riesce a capire che in tal modo la vittima viene incompresa e ferita, in quanto non si riesce a diagnosticare che essa ha subito qualcosa di assai peggiore, un TdN, appunto (e ciò a prescindere dalle sue eventuali problematiche psicologiche).

Purtroppo, le persone violentate nell'anima e traumatizzate dal narcisismo patologico, hanno una ferita nascosta e non curata nel proprio narcisismo (ferita narcisistica) cioè una carenza nella qualità e nella capacità di amare se stesse, carenza della quale non sono consapevoli. A causa di questa carenza affettiva verso di sé, le vittime sono propense a innamorarsi in modo assai cieco e idealizzante, ed in un certo senso restano costantemente innamorate del partner senza riuscire a passare allo stadio del 'voler bene', cioè senza riuscire a conoscere e ad accettare in modo critico e correttamente difensivo le parti negative e conflittuali dell'altro. Quando si ha una ferita narcisistica occulta si è più esposti in generale alle pene d'amore, ma in modo particolare si diventa più facilmente vittima dei narcisisti patologici. Si immaginino costoro come iene o come squali che hanno una fortissima capacità di fiutare il sangue e di aggredire altri animali sanguinanti, inclusi gli umani. Ecco, allora che la ferita narcisistica sanguina e il narcisista patologico, immaginabile come un vampiro succhiasangue, individua una preda assai appetibile, in quanto più facilmente manipolabile e sfruttabile (dissanguabile). Allora è vero che le vittime sono persone buone ed equilibrate nella loro capacità di dare e di ricevere amore, ma purtroppo hanno una ferita occulta che non gli permette di 'auto-amarsi' (autostima) in modo sufficientemente equilibrato. Ecco quindi che la persona traumatizzata da narcisismo patologico va prima aiutata a superare il trauma, ma poi deve essere aiutata anche a sanare la sua ferita, la quale non è stata provocata dal vampiro, in quanto c'era già prima, al vampiro è servita come punto debole su cui agire, traendone metaforicamente sangue, cioè vitalità, energia, a scopo manipolatorio e mortificante. Nella pratica clinica e nella mia esperienza personale ho avuto modo di rilevare uno specifico TdN, e cioè un **TRAUMA DA NARCISISMO**, avente una sintomatologia simile al **DPTS (il Disturbo Post Traumatico da Stress)** che lasciava i militari reduci del Vietnam per tutta la vita destabilizzati), che richiede cure, solidarietà, comprensione. IL DPTS provoca una sindrome post-traumatica, l'incapacità di riprendersi da un trauma (con conseguenze purtroppo molto destabilizzanti e a lungo termine), dovuto soprattutto alla paura verso eventi violenti e catastrofici per la propria vita o di persone care, o anche di altri esseri umani. Invece il Trauma da Narcisismo agisce sulla sfera affettiva, la più sensibile dell'esperienza umana; consiste in un perpetuarsi del Trauma abbandonico, che nelle relazioni disturbate dal narcisismo patologico si percepisce anche durante una relazione affettiva come continua 'minaccia abbandonica' alla quale segue uno shock finale, o numerosi devastanti 'tira e molla', che destabilizzano l'equilibrio affettivo ed erotico.

Si subisce una mortificazione interiore dell'amore... solo chi ha esperito questa tragica sensazione sa quanto è grande il dolore, il pericolo, la solitudine, l'incomprensione colpevole e incolpevole degli altri, l'ansia, la depressione, la vergogna, le idee di fuga o suicide, il tentativo di calmarsi con psicofarmaci, alcol, droghe, l'autolesionismo, la paura di impazzire, il senso di 'morte vivente'...**VERSO UNA GUARIGIONE...** Se il TRAUMA DA NARCISISMO viene curato e compreso, le ferite si cicatrizzano, resta il segno, ma diventa anche un segno di forza e di conoscenza.

Le informazioni in questo blog possono aiutarvi a capire, se desiderate ulteriori informazioni potrete riceverle solo previo colloquio e accordi in quanto vanno personalizzate per il vostro specifico caso, altrimenti potrebbero essere interpretate in modo non corretto, in quanto quando si è sotto l'effetto di un trauma è facile sbagliarsi (e questo biso gna cercare di evitarlo).

Raccomando alle vittime da TdN di non cadere nell'abuso degli psicofarmaci (o di altro: alcol, fumo, droghe), di chiedere aiuto a persone veramente amiche, capaci di comprendere a fondo(che purtroppo non sempre si trovano e che soprattutto non credano che si tratta di un 'semplice' mal d'amore, cioè di un trauma abbandonico 'esagerato'). Raccomando inoltre di non buttarsi tra le braccia di chiunque credendo di poter risolvere il trauma in tal modo, e neppure di intraprendere lunghi viaggi da soli o tentare drastici cambiamenti di vita, come fuga reattiva nel tentativo di fuggire al trauma. Datevi tempo e seguite tutti i consigli che più vi sembrano adatti a voi con l'obiettivo primario di de-traumatizzarvi. Vanno bene tutte le tecniche di rilassamento, le attività espressive e ricreative, allo scopo di esprimere creativamente la propria sofferenza e di distrarsi in modo sano. Ricordatevi sempre che l'effetto del trauma è quello di far apparire la vita completamente distrutta, di sentirsi lordati nell'anima da una potenza malefica, MA NON E' COSI'.

Inoltre informatevi, in quanto è importantissimo per superare il trauma riuscire a comprendere le dinamiche di coppia a sfondo narcisistico.
E poi ricordatevi che esistono varie forme di intervento detraumatizzante e psicoterapeutico, che possono essere su misura per voi (questo articolo/forum, nonché auto-aiuto, ha lo scopo di informare a livello generale anche su tali tecniche, ma trattandosi di questioni strettamente personali una consulenza o una assistenza psicologica personalizzata può essere data solo attraverso colloqui diretti e la creazione di un'alleanza terapeutica con il terapeuta particolarmente centrata sull'empatia, la solidarietà e la comprensione e

il rispetto per la vostra pazienza, impegno e coraggio di voler superare il TdN).A mano a mano che si guarisce si comprende di come la propria conoscenza della vita sia aumentata, di come ci si senta più indipendenti e più sensibili alle sofferenze altrui, di come sia importante un amore vero ed equilibrato, raggiungibile solo se prima si raggiunge una buona comprensione di se stessi e si impara ad accettarsi per come si è ed a volersi bene. Il Trauma da Narcisismo può dunque diventare un'occasione per rivelare, accettare e curare la ferita narcisistica della quale non si era consapevoli e che era, già prima, una fonte di turbamento e di negatività. Allora l'incubo passerà, il 'mostro semi-inconsapevole' (vedi: 'Avvertenza importante di base' nell'introduzione) reale e interiorizzato, non potrà più farvi alcun male, il male che vi ha fatto servirà per curare ferite sanguinanti che non sapevate di avere e che avevate ancor prima di subirne la violenza, ed è così che nascerà in voi un processo di trasformazione positiva e, davanti a voi, ci sarà davvero la prospettiva di una vita migliore...

ARGOMENTI consigliati per i quali si può richiedere approfondimento generalizzato e/o personalizzato o per poter meglio sviluppare un dibattito sul blog attraverso testimonianze e pareri:

- IL PROCESSO TRAUMATIZZANTE DA NARCISISMO – COME ESORDISCE, COME SI ACUISCE, QUALI SINTOMI E DANNI PROVOCA E COME SI PUO' CURARE
- PERCHE' PER SUPERARE IL TRAUMA (TdN) E' IMPORTANTE STUDIARE LA MALATTIA DEL NARCISISTA PATOLOGICO CHE LO HA PROVOCATO
- IN CHE MODO IL NARCISISTA PATOLOGICO PUO' FARE IMPAZZIRE L'ALTRO
- LA RECITAZIONE 'QUASI SPONTANEA' DEL NARCISISTA PATOLOGICO
- PERCHE' L'AMBIVALENZA DEL NARCISISTA PATOLOGICO
- PERCHE' SI CEDE ALLA SEDUZIONE DEI NARCISISTI PATOLOGICI

- IL MASCHILE E IL FEMMINILE NEL NARCISISMO PATOLOGICO
- LA SESSUALITA' DEL NARCISISTA PATOLOGICO
- DNP e SFRUTTAMENTO E DANNEGGIAMENTO DEL PARTNER
- LA FERITA NARCISISTA DELLA PERSONA TRAUMATIZZATA DA TdN
- LA CATTIVERIA DEL NARCISISTA PATOLOGICO
- CRUDELTA'MENTALE, VIOLENZA PSICOLOGICA DEL NARCISISTA PATOLOGICO CHE VIOLENTA L'ANIMA DEL PARTNER
- IL LATO BUONO DEL NARCISISTA PATOLOGICO (… è quello che ti frega!).
- IL NARCISISTA PATOLOGICO NEL SOGNO/INCUBO DEL PARTNER TRAUMATIZZATO
- IL NARCISISTA PATOLOGICO INTROIETTATO DENTRO LA PERSONA TRAUMATIZZATA
- I NARCISISTI PATOLOGICI NELLA LETTERATURA E NEL CINEMA
- PERCHE' LA PERSONA TRAUMATIZZATA NON E' PROPRIO UNA VITTIMA
- PERCHE' IL NARCISISTA PATOLOGICO APPARE SPESSO BUONO AGLI ALTRI
- COME ARGINARE LA GELOSIA TORMENTOSA VERSO IL PARTNER NARCISISTA PATOLOGICO, DURANTE LA RELAZIONE E DOPO LA ROTTURA
- COME RECUPERARE LA PROPRIA AUTOSTIMA DEVASTATA DA UN PARTNER CON DNP
- SOVRAPPOSIZIONI TRA NARCISISMO PATOLOGICO E BORDERLINE
- QUALE CURA PER I NARCISISTI PATOLOGICI ?
- COME AIUTARE I NARCISISTI PATOLOGICI
- IL NARCISISTA PATOLOGICO E' SULLA VIA DI GUARIGIONE QUANDO CHIEDE SINCERAMENTE SCUSA (rarissimo)
- COME CONFRONTARSI CON I NARCISISTI PATOLOGICI ALL'INTERNO DI UNA RELAZIONE CHE SI INTENDE CONTINUARE

- PER QUALI RAGIONI IL/LA NARCISISTA PATO-LOGICO TIENE IL PARTNER SOTTO MINACCIA AB-BANDONICA E ATTUA SPESSO

- PERCHE' IL PARTNER CON DNP TRADISCE (Cosa cerca in particolare nel tradimento)?

- PERCHE' IL PARTNER CON DNP TENDE A CA-LUNNIARE E A DIFFAMARE LA PERSONA CHE LO AMA, NASCOSTAMENTE, DURANTE E DOPO LA RE-LAZIONE?

- PERCHE' IL PARTNER CON DNP SI RIFIUTA DI DARE SPIEGAZIONI E SI ARRABBIA SE GLI VENGO-NO RICHIESTE?

- PERCHE' LA PERSONA TRAUMATIZZATA DAL PARTNER CON DNP HA UN DISPERATO BISOGNO DI OTTENERE SPIEGAZIONI DAL SUO PERSECUTORE?

- PERCHE' BISOGNA BEN DISTINGUERE UNA RE-LAZIONE A SFONDO SADOMASOCHISTA CON UNA RELAZIONE A SFONDO NARCISISTICO?

- QUANDO IL PARTNER CON DNP TENDE A SEN-TIRSI E A PRESENTARSI COME SE FOSSE PERSEGUI-TATO DALLA PERSONA CHE HA TRAUMATIZZATO.

- PRECAUZIONI E DIFESE DOPO LA RELAZIONE CON IL NARCISISTA PATOLOGICO

- COME ELABORARE LA RABBIA VERSO IL NARCI-SISTA PATOLOGICO

- COME LA PERSONA TRAUMATIZZATA DA UN PARTNER CON DNP, PUO' OTTENERE GIUSTIZIA RI-SPETTO AI SOPRUSI E ALLA VIOLENZA PSICOLOGI-CA SUBITI

- DIFFERENZE E CONCOMITANZE TRA TRAUMA ABBANDONICO E TRAUMA DA NARCISISMO (TdN)

- SIMILITUDINI TRA TdN e DPTS (DISTURBO POST TRAUMATICO DA STRESS)

- PERCHE' SPESSO LA VITTIMA DA TdN NON VIE-NE COMPRESA DAVVERO

- LA PERSONA TRAUMATIZZATA DA TdN RISCHIA IL DETERIORAMENTO DELLE RELAZIONI FAMI-GLIARI E DI AMICIZIA

- CONSIGLI PER GLI AMICI E I PARENTI DELLA VITTIMA CON TdN
- LA PERSONA TRAUMATIZZATA DA TdN RISCHIA DI CEDERE ALL'ABUSO DI SOSTANZE PSICOGENE (Psicofarmaci, alcol, droghe)
- L'AUTOLESIONISMO DELLA VITTIMA E I PENSIERI SUICIDARI
- IL BISOGNO ESTREMO E FRUSTRATO DI OTTENERE CHIARIMENTI DAL PARTNER CON DNP
- IL BISOGNO ESTREMO DI MANTENERE CONTATTI CON l'EX PARTNER CON DNP

Le diagnosi non sono un gioco! Narcisismo patologico o alibi paranoide?

Credo sia doveroso aprire un dibattito anche sulle proiezioni paranoidi, in quanto c'è il rischio che la nozione di narcisismo patologico venga sempre più spesso usata per proiettare tutte le colpe su chiunque che per qualche motivo non ci viene bene…
E' UN RISCHIO SERIO CHE C'E'.
Va inoltre ricordato che, anche se l'altro/a è un narcisista patologico, ciò non vuol dire che non ci si debba mettere in discussione in quanto si è la povera vittima incompresa. Per guarire veramente, una volta appurate le colpe dell'altro, va assolutamente fatto il lavoro del *MEA CULPA*.
Solo quando si farà i conti con il proprio VAMPIRO INTERIORE, si riuscirà a mollare veramente la presa collusiva con il VAMPIRO ESTERIORE.
Chi adopera la nozione di narcisismo patologico, senza profonda conoscenza psicoterapica e senza un consulto serio sulla propria esperienza, rischia seriamente di farsi del male e di fare del male ad altri.
Tutti abbiamo diritto di esprimere pareri e testimonianze, ma non abbiamo il diritto, neppure se psicoterapeuti, di sparare diagnosi con lo scopo di scaricarci la coscienza… va bene riflettere, ma in modo ponderato e sempre mettendosi in discussioni e con il dovere di verificare attraverso situazioni e consultazioni serie e persona-

lizzate.

Perciò occhio ai sitarelli che adoperano le etichette psichiatriche come se fossero torte in faccia e frecciatine liberatorie.

PER FAVORE DOVETE CAPIRE che su queste cose non si scherza è in gioco la vita delle persone, si tratta della salute umana, del posto di lavoro, delle relazioni rovinate con amicizie e con i parenti, del rischio di abuso di psicofarmaci, droghe, alcool, dell'insorgere di patologie psicosomatiche (anche gravi come il cancro), di molti disturbi d'ansia e depressione, fino alla fantasia suicidaria ed il passaggio all'atto, e comunque di destini vitali spezzati e di infelicità durature. Ecco, di cosa stiamo parlando quando ci intratteniamo con bocconcini di narcisismo patologico self service... ok, va bene, si vuole riflettere, però attenzione, bisogna sapere bene cosa si sta toccando, e se si vuole riflettere su queste cose senza titoli ed esperienza specialistica la cosa giusta da fare è spendere almeno quanto si spende da un parrucchiere -- perché questo è -- per parlarne con specialisti che hanno studiato una vita per capire e per curare questi gravi problemi della salute mentale.

Era mio dovere scrivere questa nota, in quanto psicoterapeuta più volte citato per via del blog a cura dell'Associazione Culturale Albedo di cui sono Presidente.

IL NARCISISMO PATOLOGICO NON E' PIU' UNA MALATTIA... ALLORA SAREBBE PROPRIO UN MALE, in particolare: VAMPIRISMO.

E' di questi giorni la notizia che il prossimo DSM 5, bibbia della psichiatria non intende considerare più il narcisismo come disturbo di personalità[1], in quanto i tratti che lo caratterizzano sono sempre più diffusi come 'nor-

---

[1] Questo brano è dsl 2011 e segnala la polemica che c'è stata prima della pubblicazione dell'ultimo DSM-5 (American Psychiatric Association 2013) a riguardo dell'opportunità di non considerare più il Disturbo Narcisistico di Personalità come una vera e propria patologia. Invece è poi stato riconsiderato dal DSM-5 in tutta la sua importanza diagnostica.

mosi' e molte persone del settore e non, lo hanno divulgato senza il necessario approfondimento. Per cui il DNP non sarà più considerato una malattia psichiatrica precisa (anche se ciò sta provocando un terremoto nella ricerca sulla salute mentale negli USA), e al suo posto vi sarà un generico disturbo di tratti di personalità (che incrocia altri 4 disturbi pure rimossi, lasciando tuttavia a sé il borderline). Questa scelta, prevalente per ora prevalente nel gruppo di lavoro di psichiatri che pubblica il DSM , oltre essere stata duramente criticata da eminenti psicoterapeuti, psichiatri e commentatori autorevoli di altre discipline, denota la gravità della situazione di fronte a comportamenti di egoismo esasperato, manipolazione e violenza psicologico che sono così diffusi, variegati ed ambigui (normosi) da sfuggire ad una diagnosi scientifica di tipo classificatorio, con la conseguenza di dichiarare una resa dinnanzi a mali evidenti che vengono quindi considerati psicologicamente normali.

Resta il fatto che la violenza psicologica esiste, a questo punto se non è più una malattia è proprio il male. Il dibattito è molto delicato ed è un bene che sia così. Noi psicoterapeuti consideriamo da sempre le etichette psichiatriche solo come quadri di riferimento da interpretare caso per caso. L'approccio clinico che io ho proposto in riferimento alla psicologia archetipica ed in particolare rispetto alla figura del vampiro - in termini umanamente e psicologicamente diagnostico-terapeutici - è effettivamente toccante, intuibile, comprensibile ed in tal senso efficace (sebbene non si rifà al linguaggio psichiatrico ortodosso). Va quindi ricordato che chi pretende di improvvisarsi in questo settore, senza competenze specialistiche e senza volersi fare aiutare da esperti, genera una pericolosa confusione negli altri e in se stesso, pur essendo mosso da buone intenzioni. Questa può essere solo una breve nota che rinvia al seguente articolo introduttivo in inglese (uno tra i tanti) che appaiono in questi giorni.

http://psychcentral.com/

Quanto viene affermato in questo articolo, nonostante queste recenti diatribe teoriche non cambia, anzi si specifica maggiormente che in termini di psicologia, intesa come logica della psiche, che è l'anima (la quale ha logiche assolutamente speciali) la figura archetipica del VAMPIRO è quella che maggiormente consente di comprendere il fenomeno. Per cui quando parliamo di Narcisismo patologico o di DNP, in ottemperanza a decenni di ricerche ed esperienze, teoriche e cliniche internazionali, si consideri che qui parliamo di VAMPIRI PSICHICI e più in particolare dei loro devastanti effetti in termini di VAMPIRIZZAZIONE della vita amorosa.

La sfida in questo dibattito è dunque assai complessa e delicata, ma vale la pena impegnarsi, ciascuno con le sue esperienze, competenze e sensibilità. In tal modo si darà un significativo contributo ad una questione fondamentale che riguarda il benessere e la salute mentale... e soprattutto all'AMORE che tra tutti i beni è il più grande.

CHI E' IL MANDANTE DEI VAMPIRI PSICHICI? SOLO L'AMORE POTRA' SCOPRIRLO E SCONFIGGERLO.

Pubblicato da Pier Pietro Brunelli il giorno domenica 26 dicembre 2010 alle ore 3.03

Carissime e carissimi
è tardi, sta finendo il giorno di Natale, voglio scrivervi quello che penso e che so, come un messaggio di auguri, un regalo ed una esortazione... ci provo. Perdonate gli

errori, sono stanco…

Chi è stato traumatizzato nei sentimenti da partner che hanno grossi problemi relazionali -- tanto da poter essere paragonati a vampiri psichici - è una persona che ha sbagliato, ingenuamente, perché ha colluso con la negatività, si è lasciata legare ad aspetti malefici dell'anima… ha tutte le attenuanti, ma ha sbagliato, e quindi la sua sofferenza è una forma di espiazione, perché deve capire che ha sbagliato e deve riscattarsi verso il bene… deve tornare ad amare il bene non il male … e il bene non è solo egoistico, non è la felicità per sé come due cuori e una capanna e il resto chi se ne frega… no, è anche stare insieme, ma insieme anche PER qualcosa di giusto, per il bene, anche attraverso piccole cose, due hanno un amore nel bene quando questo amore porta buoni frutti al mondo, agli altri… Allora chi è stato traumatizzato dall'amore per il male, e il male lo ha distrutto, stuprato, devastato, ha però anche un grande dono, ha cioè, anche se ha sbagliato e deve pagare, ha una grande, immensa capacità di amore, è una persona che ha una capacità di amare, accettare, perdonare così grande che, purtroppo, potrebbe arrivare, anzi arriva, ad amare anche il diavolo, non in quanto tale, ma credendo che in esso/a c'è un angelo da salvare… Dunque è un grave sbaglio amare chi si serve del male e lo fa, seppure con l'idea di salvarlo, e questo sbaglio si paga, ma si tratta di uno sbaglio che rivela anche una grandissima forza verso il bene ed è su questa che bisogna lavorare per tornare a stare bene e per imparare a donare il proprio grande immenso amore a tutto ciò che può fare bene… certo ad un compagno buono, ad una compagna buona… ma affinché questo possa avvenire bisogna prima amare tutti coloro che lo meritano e che hanno bisogno di essere amati… bisogna amare anche i cattivi, ma quelli veri, cioè quelli che sono sempre cattivi, come lo era il lupo di San Francesco, odiato e cacciato da tutti, sempre cattivissimo, allora San Francesco capì che lo si doveva aiutare a trovare la sua parte buona e così con amore lo aiutò... bisogna amare anche le 'pecore nere' quelle che sono nere sempre, perché hanno sbagliato e nessuno le aiuta e continuano a sbagliare... ma dovete fare molta attenzione e allontanare i falsi cattivi che sono anche i falsi buoni, quelli cioè che fanno finta di essere buoni per poi poter fare meglio del male... E' una storia vecchia come il mondo quella di Satana che inganna Eva con l'inganno, appunto, facendo finta di essere buono, per avere la sua fiducia... dovete rinnegare quelli che sono ora cattivi e un attimo dopo buoni e poi cattivi perché lo fanno perché sono malati di una malattia che li spinge a farvi del male perché questa malattia si nutre del male , essi esse hanno bisogno del male, e per farlo in certi momenti vi seducono e vi manipolano facendo la parte di angeli o di bisognosi d'aiuto e d'affetto... Ricordatevi il CAVALLO DI TROIA, la più infida arma di tutti i tempi, quella che rese celebre una guerra che divenne il mito omerico fondante di tutta la cultura occidentale, una guerra che dopo dieci anni fu vinta dai greci assediatori con l'inganno... come? Facendo finta di essere buoni, con un bel regalo , un bellissimo grande cavallo bianco ... e i troiani aprirono le porte e festeggiarono, ma nella notte dalla pancia del cavallo fuoriuscirono gli invasori greci che misero a ferro e fuoco ogni cosa... ecco così fanno certi vampiri/e nelle relazioni affettive, 10, 100, 1000 cavalli di Troia fino a quando non vi avranno completamente devastate/i... ALLONTANATELI, ALLONTANATEVI prima che sia troppo tardi, prima che la vostra vita fisica, psichica, morale materiale venga devastata a morte (questo è il rischio, purtroppo).

Ma allora chi bisogna amare? Solo quelli che sono sempre bravi? E no, questi non esistono, e se lo sembrano, stanno facendo finta anche loro... bisogna amare le persone con i loro pregi e i loro difetti, accettare il conflitto, confrontarsi, è normale ciò... ma badate ho detto bisogna amare. le PERSONE... non delle strutture psichiche disaggreganti e devastanti dalle sembianze umane... scusate, se esagero. Voglio dire che... sù, andiamo, siate oneste/i... voi lo sapevate benissimo che quella lì, quello lì, il vampiro, la vampira, non era una persona tanto normale (addirittura a mio avviso dal punto di vista di una compiutezza psichica, di un Sé coeso accettabile, non si tratta nemmeno di una persona vera e propria... ma vabbè) comunque lo sapevate che era un essere pregno di energia negativa che a volte faceva il bravo, la brava per poi contaminarvi meglio ... "Che bella bocca che hai! ... Per sbranarti meglio piccina mia" (infatti fingeva di essere la nonnina, ma era il lupo... e voi però non eravate ingenui tanto da essere come Cappuccetto rosso... dai!). Insomma voi lo sapevate nel vostro intimo che ve la facevate con un rappresentante del male, una manovalanza, diciamo così, delle energie malefiche... e stavate già da tempo malissimo, ma come il drogato, non avevate il coraggio di allontanarvi e avete voluto resistere e continuare... insomma come dicevamo prima avete sbagliato, perciò adesso è normale che dovete soffrire, ma dovete soffrire per riscattarvi, per tornare a fare del bene e a dare per il bene il vostro grande amore e ribellarvi... Ma ribellarvi verso chi? Vendicarvi di chi? Della manovalanza? Di quella mezza persona vampirica che vi ha succhiato il sangue, di quel morto vivente che sembra stare bene e che in realtà è uno zombie che finge di provare qualcosa, ma non prova nulla? No, non è della manovalanza che vi dovete occupare, quella dovete solo allontanarla e più lo fate presto e tanto più andrà incontro rapidamente al suo squallido destino, in quanto impazzirà, oppure non avrà mai vissuto veri sentimenti, resterà un non vivo, nel male (a meno che proprio, quando abbandonata da tutti, dato che perde progressivamente potere, e soffrendo peggio di un cane non implorerà perdono per farsi curare e si pentirà amaramente e dovrà comunque pagare terribilmente, molto, ma molto più di voi). Non è del traumatizzante & manovalanza che vi dovete occupare voi per guarire, voi vi dovete occupare del MANDANTE, cioè delle forze del male che hanno impiegato quel manovale-burattino senz'anima (perciò non persona, le persone hanno l'anima) per impedire alla vostra natura di fare del bene, di usare il vostro grande amore per il bene, siete stati colpiti su commissione da un *lovekiller*, un criminal love, un delinquente sentimentale di infimo rango, che è stato mandato da forze maligne per togliervi di mezzo perché potevate fare troppo bene, e queste persone che possono fare bene perché amano tanto, il male le odia, perciò le attacca a morte. Ma in tal modo ora siete stati messi alla prova, o diventate vampirizzati/e, verso gli altri e verso voi stessi dannandovi l'anima, oppure fate di tutto per ritornare a far vincere l'amore in tutte le sue forme ...

"Commento 21": IL VAMPIRO INTERIORE

IL VAMPIRO INTERIORE UCCIDE FINO A QUANDO NON LO SI COMPRENDE, MA SE LO SI COMPRENDE CI SI AVVIA ALLA GUARIGIONE

UNA PRECISAZIONE IMPORTANTE: IL VAMPIRO E' UNA FIGURA ARCHETIPICA PRESENTE IN OGNI ESSERE UMANO. ESSO E' UN'IMMAGINE DELL'OMBRA (archetipo individuato da Jung costituente il lato oscuro della natura umana, eppure contenente anche una luce).

La figura del vampiro, come distruttivo invasore della psiche, è stata studiata da C.G. Jung, dalla M. Von Franz, da J. Hillman e da altri psicologi di orientamento junghiano. Costoro avvertono che si tratta di una parte della psichica insita in ogni essere umano. Dentro ciascuno di noi c'è un vampiro, come c'è anche un angelo, c'è il male come il bene, l'oscurità e la luce. Il vampiro è quindi una rappresentazione leggendaria dell'OMBRA, la parte più contraddittoria ed inconscia della personalità, che esacerba i conflitti, emerge negli incubi, in molti disturbi mentali dovuti a complessi o a traumi, ma che pure contiene valori conoscitivi e di crescita. Perciò tutti dobbiamo **fare i conti con l'Ombra**, con il vampiro interiore che succhia il sangue all'Anima e la costringe a reagire, e quindi ad ammalarsi o a curarsi, a regredire o ad evolversi. Purtroppo la tentazione è quella di proiettare il proprio vampiro interiore sugli altri, giungendo a credersi perfetti e ad attribuire il male solo agli altri, senza volersi assumere le proprie responsabilità.

La disputa con il 'vampiro interiore' riguarda la soggettività di ognuno, ma possiamo dire che può svolgersi su due livelli.

Il primo livello, quello più sano, consiste nel tentativo di accettare e conoscere il proprio vampiro interiore, di negoziare con esso, di integrarlo il più possibile con la nostra personalità e quindi di comprendere come può farci crescere e maturare e quali sono i nostri punti deboli o da sanare. E' un processo che non si conclude mai completamente, la conoscenza di sé e delle proprie contraddizioni, nel bene e nel male, richiede tutta la vita, nonché l'appoggio ad alleati (ad esempio uno psicoterapeuta) e di maestri.

Il secondo livello riguarda la possibilità che il vampiro interiore resti parzialmente o del tutto inconscio, non riusciamo a comprenderlo o ci rifiutiamo di vederlo per una questione di comodo. In tal caso può succedere che lo proiettiamo sugli altri, diventiamo allora difensivi, ma anche aggressivi nel tentativo errato di liberarci dal male, che non viene visto come anche interno. Ecco allora che, nello specifico del narcisismo e della vita amorosa ed affettiva, si aprono altri due sottolivelli:

- Il primo sottolivello è che il vampiro inconsciamente invade tutta o quasi tutta la personalità, la quale può quindi assumere tratti narcisisti patologici o irrigidirsi in un vero e proprio Disturbo Narcisistico di Personalità (con le conseguenze di nullificazione di sé e di traumatizzazione del prossimo che ormai abbiamo sufficientemente esplorato) o addirittura diventare uno Psicopatico conclamato. Vi sono poi altri disturbi gravi nei quali l'Ombra non compresa o negata emerge, come i disturbi paranoidi, la schizofrenia, ecc. Tutti questi disturbi comportano gravi problemi ai malati e a chi sta loro vicino. In particolare il narcisismo patologico implica una sua particolarità patogena e traumatizzante nell'ambito delle relazioni di coppia attraverso la manipolazione affettiva, l'opportunismo e un assurdo, folle e invidioso odio distruttivo verso la persona dalla quale si riceve amore e fiducia.

Nota: Senza giungere a quadri patologici estremi dovuti al fatto che proprio male interiore viene proiettato tutto sugli altri, o su una categoria, o sul partner, possiamo pensare alla proiezione che spesso gli uomini fanno sulle donne considerandole tutte quante negative, in parte o totalmente, e quella che, viceversa, fanno le donne verso gli uomini. Purtroppo queste reciproche proiezioni negative tra i sessi, che non riescono più a vedere che in tutti c'è il bene e il male, e che ci sono persone più buone o più cattive tra gli uomini come tra le donne, generano pregiudizi e stati patologicamente difensivi che uccidono l'amore e portano l'infelicità. Seppure tra il maschile e il femminile ci sono conflitti psicoculturali che hanno danneggiato soprattutto la femminilità, alle donne non conviene cercare la vendetta, così come non conviene agli uomini voler dominare o dichiarare il proprio sgomento per il fatto di non riuscire più a farlo. Siamo stati fatti maschio e femmina non soltanto nella carne, ma anche nell'anima per compensarci confrontandoci. Si tratta di due polarità psichiche, come ha individuato Jung che sono presenti nella psiche di ciascuno a prescindere dal fatto che sia un uomo e una donna, in entrambi c'è la componente maschile (*anima*) e la componente femminile (*animus*), e ciascuno dovrebbe armonizzarle dentro di sé. Allora si capirebbe che è sbagliato lasciarsi tentare dal voler proiettare il male sull'altro sesso in generale. Se il maschile e il femminile sono compresi come due polarità complementari presenti, in modo diverso a seconda del genere sessuale, ma presenti, l'amore funzionerebbe molto meglio, sul piano soggettivo e collettivo. Questo principio di complementarietà psichica tra il maschile e il femminile sta alla base di un amore sano, così che esso nel suo mistero, oltre a recare piacere e passione, porti anche la pace, la vita, la maturazione nel confronto, e tutto ciò per gli eterosessuali come per gli omosessuali, nell'ambito di ogni ceto, ogni razza, ogni religione, ogni cultura.

- Il secondo sottolivello consiste nel tentativo inconscio di liberarsi da un vampiro interiore (annidato in una ferita narcisistica occulta e quindi non curata), senza però riuscire ad analizzarlo e a comprenderlo, perciò si è tentati (inconsciamente predisposti) dal venire a patti (colludere) con un vampiro esterno, cioè con una persona affetta da narcisismo patologico della quale ci sembra di poterci fidare, nell'amicizia, nel lavoro e più sciaguratamente nei sentimenti e nell'amore. In tal modo il male interno non viene proiettato sull'altro, ma funziona come una calamita che introietta il male dell'altro. Il vampiro esterno viene allora erroneamente considerato come un guaritore (dato che è molto abile nel fingere di esserlo) che seduce il nostro vampiro interiore e si allea con esso. Attraverso questo alleato interno alla vittima portatrice di ferita narcisistica occulta, il narcisista patologico riesce a far innamorare la vittima, con il fine 'semiconscio' di manipolare e approfittarsi della vittima, provocandole una sindrome traumatica che può condurre a disturbi ed esiti anche gravi. Ciò è stato possibile perché il vampiro esteriore ha trovato nella vittima un vampiro interiore annidato in una ferita, al quale si è alleato. Dunque seppure possiamo inquadrare tutta la vicenda come una disgrazia o un tragico scherzo dell'amore, si tratta di una vicenda non proprio casuale, che presuppone una complicità inconscia tra la vittima e il suo aguzzino, tra debolezza e malvagità (senza che ciò voglia necessariamente dire sadomasochismo), o per meglio dire tra le parti ferite inconsce nell'Ombra di chi viene 'infettato' e le parti maligne dell'Ombra di chi infetta.

Dopo aver detraumatizzato la vittima va dunque scoperto il suo 'traditore interno', cioè il vampiro interiore che si è alleato con il narcisista patologico al fine di dilaniare ancor di più la ferita narcisista dalla quale succhiare sangue 'simbolico', che significa anima, amore, vita. Si scoprirà allora che il vampiro interiore può essere rieducato, ma non può essere ucciso (la leggenda spiega appunto della quasi impossibilità di uccidere i vampiri) – si scoprirà che se viene compreso e accettato questo vampiro interno può avere anche qualche cosa di buono da dire, nonostante faccia parte dell'Ombra e del male – si scoprirà quindi che è molto meglio negoziare con esso (pur senza allearsi ad esso) piuttosto che non riconoscerlo e farlo alleare con vampiri esterni – si scoprirà che attraverso la negoziazione con esso, esso può aiutarci a guarire la ferita narcisistica (la leggenda dice che alcune gocce, o pochi capelli del vampiro erano una medicina prodigiosa).

Il TdN, ovvero la vampirizzazione, ci costringe a curarci in profondità e, una volta superato il trauma, a renderci conto che, purtroppo, il vampiro esteriore di cui ci siamo fidati e innamorati aveva fatto presa sul vampiro interiore chenon conoscevamo.

Perciò se curiamo il Trauma da Narcisismo, poi dobbiamo anche curare il vampiro interiore e la ferita dove se ne stava nascosto a succhiarci il sangue dall'interno, rendendoci inconsciamente vulnerabili alle seduzioni manipolatorie e distruttive dal vampiro esteriore (che ormai sappiamo essere il 'narcisista patologico'). Solo in tal modo il trauma può essere superato e diventare opportunità per elaborare un'esperienza di crescita, altrimenti se pure vi è una de-traumatizzazione, i segni e le cicatrici lasciate inevitabilmente dal trauma ostacolano la conoscenza di se stessi, con il rischio di successive ricadute, infelicità... e nuovi vampiri inconsci, esterni e interni

Ad un certo punto della fase di de-traumatizzazione riconoscere il nostro 'vampiro interiore' ci aiuta a superare il trauma in quanto il 'vampiro esteriore' viene depotenziato, viene considerato non più come un malvagio potente dal quale non ci si può difendere, quanto come un posseduto dalla malvagità. Se tale riconoscimento avviene si può arrivare a comprendere che il problema di chi è affetto da narcisismo patologico – patogeno e traumatizzante -consiste nel fatto che il suo 'vampiro interiore' si è impossessato di gran parte della sua personalità nella sfera dei sentimenti (ciò lo porta a fare del male a chi li ama). Intanto però si comprende che il vampiro interiore della 'vittima' lavora in un modo diverso, invece di far ammalare nel senso del narcisista patologico che non è più capace di mare gli altri, fa ammalare nel senso della ferita narcisista che rende incapaci di amare veramente se stessi. Così, i due vampiri, quello dell'aguzzino e quello della vittima, si alleano a favore del male (che implica l'odio), cioè per distruggere Il bene (che implica l'amore verso se stessi e verso gli altri). La vittima comprende che non è veramente che si è innamorata di un vampiro in quanto è il suo vampiro interiore non conosciuto che l'ha fatta innamorare… ecco perché il narcisista patologico è riuscito a sedurre e a tenere innamorata la vittima pur infliggendole tormenti, e continua a tormentarla come fantasma anche dopo l'abbandono. Allora lo psicoterapeuta, dopo aver veramente compreso il trauma della vittima, la aiuta a 'parlare' e a negoziare con il suo vampiro interiore, in quanto solo così il fantasma del vampiro esteriore perderà il suo alleato e dovrà andarsene per la sua strada ad espiare le sue colpe o a vampirizzare altre vittime, solo così ci si libererà di lui/lei e si potrà rimettere il cuore pace per rinascere.

Ora se accettiamo la verità (difficile da accettare davvero), e cioè che un vampiro interiore lo abbiamo tutti e che esso può agire con molteplici modalità, ci scopriamo non soltanto vittime del male, ma anche suoi potenziali portatori, perciò chi ci ha fatto del male viene percepito con uno sguardo che non è più solo di incredulità, di paura e di rabbia, ma semmai di triste compatimento unito a condanna – questo sguardo piuttosto che a vendicarci ci invita a guardarci dentro – *senza colpevolizzarci* – affinché si possa diventare sempre più capaci di comprendere il male, depotenziarlo e sviluppare la coscienza di tutto il bene possibile, per noi e per gli altri

Si arriva allora a capire che forse può essere meglio essere stati traumatizzati (a patto di venirne fuori) che traumatizzare, che in ultimo ciascuno è vittima di qualcosa che è in se stesso, tuttavia è preferibile essere una vittima delle proprie debolezze (ferita narcisistica) che fanno amare una persona sbagliata, piuttosto che vittima del proprio odio e della propria incapacità di amare, che spinge il narcisista patologico a fare del male a chi li ama e quindi, logicamente e psicologicamente, anche a se stesso, costruendo intorno a sé un cimitero d'amore che non appare traumatico, ma che alla lunga diventa una mortale trappola di infelicità. Ecco allora che al fine, si comprende che è meglio essere stati vampirizzati piuttosto che vampiri conclamati; anche se è molto dura, dalla vampirizzazione ci può salvare, ma salvarsi dall'essere un vampiro psicoaffettivo è molto più dura ed è terribilmente più difficile. Così il narcisista patologico, nonostante tutto il male che h fatto, al fine viene percepito da chi lo ha subito e se ne è liberato come un povero disgraziato e ciò porta ad un processo di disinnamoramento che rende più forti e più liberi. Tuttavia, affinché ciò avvenga, una volta terapizzato il trauma, bisogna fare chiarezza dentro di sé, ed elaborare e guarire la propria ferita/infettata che ha fatto innamorare di una persona infettante/maligna; a tal fine l'unica terapia possibile è una psicoterapia, basata sull'empatia e l'esplorazione delle costellazioni che formano il mondo interiore e che si manifestano energeticamente nell'anima, nella mente, nelle emozioni e nello spirito.

Prime conclusioni

Dunque il TdN, il Trauma d Narcisismo, ovvero l'essere vampirizzati, può anche essere un'occasione propizia per riconoscere la propria ferita narcisistica, snidare il vampiro interiore che vi si era annidato e impiegarlo per la guarigione della ferita. Da tale guarigione può poi nascere una propria via di maturazione del Sé, capace di sostenere la tragica verità che il bene e il male sono in ciascun essere umano. E' una verità sconcertante, ma è un principio costitutivo che va oltre il tema del narcisismo che stiamo trattando, espresso negli insegnamenti della saggezza e delle religioni di ogni epoca e di ogni cultura, ed è necessariamente da accettare se si vuole essere 'veraci', diventare se stessi. Come fare a trovare un equilibrio tra il negativo e il positivo, e quindi ad accettare che il negativo non è eliminabile? Freud ha parlato di 'pulsione di vita e pulsione di morte', la Melanie Klein di 'seno buono e seno cattivo', Winnicott di 'madre sufficientemente buona', Jung dell''Ombra' in quanto archetipo complementare a tutti gli altri archetipi della psiche secondo un principio di ispirazione Taoista e Gnostica (la 'congiunzione degli opposti'). E poi si tratta anche di una verità che implica uno speciale percorso personale, che non tutti riescono a vivere e che nessuno può portare al totale compimento... un processo di conoscenza di Sé, nel bene e nel male, che ha una sua formula unica ed assoluta per ogni individuo, come ben sanno quegli psicoterapeuti che comprendono di quanto il loro difficile mestiere consista nell' aiutare i pazienti a trovare un equilibrio tra le schiere di demoni e di angeli che abitano la loro psiche soggettiva. Protendersi verso questo processo conoscitivo di Sé, considerando che la sofferenza può essere una spinta per compierlo, da soli, ma quando ci vuole anche con l'aiuto della psicoterapia, oltre che con il sostegno di fonti maestre di saggezza e di spiritualità, consente di diventare più autentici, più fedeli a se stessi, più veraci, dove la veracità non vuol dire perfezione o essere il migliore, ma provare a fare del proprio meglio con genuinità, spontaneità, umiltà, esame di coscienza, osservazione non colpevolizzante e non esaltante dei propri lati positivi e negativi. Il male dentro di sé, allora, va compreso come nella parabola di Cristo della 'pecora nera': tutti ne abbiamo una e forse anche di più, ma dobbiamo saperle accogliere nel gregge. Quando non si riesce ad accogliere il male esso gioca brutti scherzi a se stessi e viene proiettato sugli altri, così Cristo ha detto: "Chi è senza peccato scagli la prima pietra". Ma per accogliere il male bisogna comprendere che in esso, in quanto Ombra della psiche, c'è pur sempre un punto di luce, come nel simbolo del Tao: dello Yin e Yang... ecco forse perché Dio non distrugge Lucifero, semmai lo fa controllare dagli Angeli, poiché esso nonostante tutta la sua malvagità è un 'portatore di luce' (questo è il significato del suo nome). Quindi la nostra ricerca ci ha portato a rivolgere lo sguardo su una questione di infinita importanza che non arriveremo mai a circoscrivere e che quindi comporta una costante attenzione da parte degli individui e della collettività. Qui diciamo solo che, affinché si possa essere 'veraci', occorre una costante attenzione verso la conoscenza e l'autenticità del proprio Sé (Jung ha parlato in tal senso di "processo di individuazione", Hillman ha parlato di "fare anima", ma ciascuno, se vuole dare un 'senso di verità' alla propria vita deve scoprire una via concreta, non solo teorica o mistica, dentro se stesso).

Essere 'veraci' comporta il disporsi con umiltà, fiducia e coraggio per comprendere il bene e il male dentro di Sé, in modo da non essere ipocriti con se stessi, al punto di dover impiegare la menzogna e la manipolazione per vivere, oppure di doverle subire. La veracità è indispensabile al fine di poter 'essere *nell'amore per sé e per l'altro*', perciò nel Libro dell'Oracolo cinese *I king* sta scritto: **"Se sei verace hai successo nel cuore"**.

Bibliografia

Abraham K.
1919 "Una forma particolare di resistenza nevrotica al metodo psicoanalitico". In: *Abraham Opere*, vol. II, pp. 494-501. Torino: Boringheri, 1975.

American Psychiatric Association
1995. *DSM-IV-TR, Manuale diagnostico e statistico dei disturbi mentali*, Milano: Masson, ristampa 2009.

Akhtar, S. (*Forward* Kernberg, O. F.)
2011 *Broken Structures: Severe Personality Disorders and Their Treatment*, Lanham, USA: Jason Aronson.

Allen E., Baucom D.
2004 "Adult attachment and patterns of extradyadic involvement" in *Fam Process*. Dec; 43(4):467-88. Department of Psychology, University of North Carolina-Chapel Hill, USA.

Ballabio, L.
1993 "La manipolazione affettiva tra collusione e collisione" in Chioetto, V. *Manipolazione* Milano: Anabasi.

Balenci, M.
1992 "Il Sé" in Carotenuto, A. (a cura di), op. cit. Vol II.

Balconi, E. e Erba, M.
2006 *Il narcisismo*, Milano: Xenia.

Boggio Gilot, L.
2003 *Narcisismo e spiritualità*. Roma: Satya edizioni 2008, AIPT.

Brennan K., Shaver P.
1998 "Attachment styles and personality disorders: their connections to each other and to parental divorce, parental death, and perceptions of parental caregiving". In *Journal of Personality* Oct; 66(5): 835-78. Department of Psychology, State University of New York, Brockport, USA

Camporesi, P.
1988 *Il sugo della vita: simbolismo e magia del sangue*, Milano, Mondadori.

Caramazza, E.
1992 "L'Ombra" in Carotenuto, A. (a cura di), op. cit. Vol. II.

Cardini, F.
1989 "I processi di formazione della medicina popolare in Italia dalla tarda antichità al XIX secolo", in AA.VV. *Medicine e magie. Le tradizioni popolari in Italia*, Electa, Milano.

Carotenuto, A. (a cura di)
1992 *Trattato di psicologia analitica*, Volumi I e II, Torino, Utet.

Carroll L, Hoenigmann-Stovall N,
1996 *Interpersonal consequences of narcissism*. New York Hospital-Cornell Medical Center, New York.

Clarkin J.F., Yeomans F. & Kernberg O.F.
1999. *Psychotherapy for Borderline Personality*. New York: Wiley (trad. it.: *Psicoterapia delle personalità borderline*. Milano: Cortina, 2000). Edizione Internet delle pp. 31-39 del cap. 1: Strategie nella psicoterapia delle personalità borderline: www.psychomedia.it/pm/modther/probpsiter/clarki99.htm.

Codignola, C.; Villanucci, S. (a cura di)
2001 "Il narcisismo: un crocevia teorico tra Freud, Jung, Kohut e gli autori del modello relazionale", Rivista: *Studi junghiani*, Milano: Franco Angeli.

De Franco, L.
1992 "La persona" in Carotenuto, A. (a cura di) op. cit. Vol. II.

Eagle M.N.
1984 *Recent Developments in Psychoanalysis. A Critical Evaluation*. New York: McGraw-Hill (ristampa: Cambridge: Harvard Univ. Press, 1987) (trad. it.: *La psicoanalisi contemporanea*. Bari: Laterza, 1988). Edizione su Internet del cap. 11 (ed.or. cap. 12): "Carenze di sviluppo e conflitto dinamico": http://www.publinet.it/pol/ital/documig8.htm.

Ellis H.
1892 "Auto-erotism: A psychological study" in *Alienist Neurologist*, 19: 260-299.

De Clercq, M.; Lebigot, F.
2000 *Les Traumatismes Psychiques*, Parigi, Masson.

De Masi, F.
1999 *La perversione sadomasochista. L'oggetto e le teorie*, Torino: Bollati Boringhieri, 2007.

Filippini S.
2005 "Perverse relationships: the perspective of the perpetrator". in *The International journal of psychoanalysis* Jun;86(Pt 3):755-73.

Ferliga, P.
2010 *Attraverso il senso di colpa*, Roma, Edizioni Paoline.

Franz, M.-L. von
1974 *L'ombra e il male nella fiaba*, Torino, Bollati Boringhieri 1995.

Freud S.
1914 Introduzione al narcisismo. Freud Opere, 7: 441-472. Torino: Boringhieri,
1975.

Fromm, E.
1973 *Anatomia della distruttività umana*, Mondadori, Milano 1975.

Gabbard, G. O.
1994 *Psichiatria psicodinamica*, Milano, Cortina, 1995, 2° ed.

Gacono C., Meloy J., Berg J.
  1992 "Object relations, defensive operations, and affective states
in narcissistic, borderline, and antisocial personality disorder" in
Journal of personality assessment Aug; 59(1):32-49. Atascadero State
Hospital.

Gjerde P., Onishi M., Carlson K.
2004 "Personality characteristics associated with romantic attachment: a comparison of interview and self-report methodologies",
in *Journal of Clinical Psychology* May;44(3):445-51.Department of Psychology, University of California, Santa Cruz, USA

Gunderson J., Ronningstam E.
2001 "Differentiating narcissistic and antisocial personality disorders in Journal of personality disorders" Apr; 15(2):103-9. McLean
Hospital, Belmont, USA.

Grunberger B.
1977 *Il narcisismo*. Bari: Laterza.

Haller R.
1999 "Malignant narcissism and sexual homicide - exemplified by
the Jack Unterweger case" in *Archiv für Kriminologie* Jul-Aug; 204(1-
2):1-11.

Hartmann H.
1950 *Considerazioni sulla teoria psicoanalitica dell'Io*, in: *Saggi sulla Psicologia
dell'Io*. Torino: Boringhieri, 1976, cap. 7, pp. 129-157.

Hillman, J.
1975 *Visione della psicologia*, Milano, Adelphi, 1983.
1979 *Il sogno e il mondo infero*, Milano, Adelphi, 2003

Hirigoyen, M.-F.
1994 *Molestie morali. La violenza perversa nella famiglia e nel lavoro*, Torino: Einaudi, 2000.

Hurlbert D., Apt C.
1992 "The malevolent personality disorder?" In *Psychological Report*. Jun; 70(3 Pt 1):979-91. University of Texas, San Antonio.

Hurlbert DF, Apt C, Gasar S, Wilson NE, Murphy Y.
1994 "Sexual narcissism: a validation study" in *Journal of Sex and Marital Therapy*. Faculty of Philosophy, Department of Psychology, University of Ljubljana, Slovenia.

Jacobson E.
1964 *Il Sé e il mondo oggettuale*. Firenze: Martinelli, 1974.

Jervis G.
1989 "Significato e malintesi del concetto di Sé" in: Massimo Ammaniti (a cura di), *La nascita del Sé*. Bari: Laterza.

Johnson, M. S.
1994 "The used child: The Narcissistic experience" in *Character style*, New York – London: Norton & Company.
Jung C. G.

1949/50 "Faust e l'alchimia", ora ora in *C.G. Jung. Opere. Studi sull'alchimia,* Vol. 13, Torino, Bollati Boringhieri, 1997.

Jung, E.
1932 "The Mythical Representations of the Anima," ora in Jung, E. *Animus and anima* (1957), Torino, Bollati Boringhieri, 1992.

Lalli, N.
2001 *Manuale di Psichiatria e Psicoterapia*. Liguori Editore.
2003 Atti sul 'narcisismo' del VIII Congresso di Psicoterapia –

IREP. Montesilvano (PE) 22-25 Maggio

Lachkar Joan
2003 *The narcissistic/borderline couple*, New York – London: Routledge
2° ed.

Lasch C.
1878 *La cultura del narcisismo*. Milano: Bompiani, 1981.

Links P., Stockwell M.
2002 "The role of couple therapy in the treatment of narcissistic
personality disorder in American journal of psychotherapy";
56(4):522-38. University of Toronto, St. Michael's Hospital, Toronto.

Lowen, A.
1983 *Il narcisismo. L'identità rinnegata*. Milano: Feltrinelli.

Maltas C.
 1991 "The dynamics of narcissism in marriage" in *Psychoanalysis
and the psychoanalytic review*
 Winter; 78(4):566-81. McLean Hospital, Belmont.

Mancia, M.
2010 *Narcisismo. Il presente deformato dallo specchio*. Torino: Bollati Boringhieri.

Mc Cullough M., Emmons R., Kilpatrick S., Mooney C.
2003 "Narcissists as 'Victims': the role of narcissism in the percep-
tion of transgressions" in
Personality and Social Psychology Bulletin 2003 Jul; 29(7):885-93. University of Miami, USA.

 Migone P.
1983 "La diagnosi in psichiatria descrittiva: presentazione del DSM-III"
In Psicoterapia e Scienze Umane, XVII, 4: 56-90.

Mizzau, M.
1993 *L'arte di sedurre*, in Chioetto, V. (a cura di) *Manipolazione*, Milano, Anabasi.

Pilo, G e Fusco, S.
1994 *Storie di vampiri*. Roma: Newton Compton, 2005.

Pulver S.
1970 "Narcisismo: il termine e il concetto" in *Psicoterapia e Scienze Umane*, 1980, 2: 42-60.

Nathan Schwartz-Salant
2009 *Narcisismo e trasformazione del carattere. Psicologia dei disturbi narcisistici del carattere*, Milano: Vivarium.

Nazare-Aga, I.
2008 I. *La manipolazione affettiva*, Castelvecchi: Roma.

Reich A.
1953 "Narcissistic object choice in women" in *Journal of the American Psychoanalytical Association*, 1: 22-44.
1960 "Pathological forms of self-esteem regulation" in *Psychoanalitical Study of the Child*, 15: 215-232.

Rosenfeld H.
1965 *Stati psicotici*. Roma: Armando, 1973.

Quadrio C.
1982 "The Peter Pan and Wendy syndrome: a marital dynamic" in *The Australian and New Zealand journal of psychiatry* Jun; 16(2):23-8.

Kernberg, O. F.
1970 *Factors in the psychoanalytic treatment of narcissistic personalities*, Journal of. American Psychoanalitic Association. 18:51-85
1974 "Contrasting Viewpoints Regarding the Nature and Psychoanalytic Treatment of Narcissistic Personalities: A Preliminary Communication" in *Journal of the American Psychoanalytical Association* 22: 255–67.
1975 *Sindromi marginali e narcisismo patologico*, Torino Bollati Boringhieri 2000
1984 *Disturbi gravi della personalità*. Torino: Boringhieri, 1988.
1989 *The narcissistic personality disorder and the differential diagnosis of antisocial behaviour*, Psychiatr Clin North Am. Sep;12(3):553-70.

1994 "The Psychotherapeutic Management of Psychopathic, Narcissistic", in Millon, T., Simonsen, E., Birket-Smith, M., Davis, R. D. (edited by) Paranoid Transferences" in *Psychopathy: Antisocial, Criminal, and Violent Behavior*. New York: Guilford Press, 1998.
2004 *Aggressivity, Narcissism, and Self-Destructiveness in the Psychotherapeutic Relationship: New Developments in the Psychopathology and Psychotherapy of Severe Personality Disorders*. New Haven: Yale University Press.
2006 *Narcisismo, aggressività e autodistruttività nella relazione psicoterapeutica*, Milano, Cortina.

Pollock, G. H.
1978, "Process and affect" in *International Journal of Psycho-Analysis*, 59, 255–276.

Gerberth, V. e Turco, R.
1997 "Antisocial personality disorder, sexual sadism, malignant narcissism, and serial murder". *Journal of Forensic Sciences*, 42, 49-60. USA: Michael Peat.

Klein M.
1948 *Sulla teoria dell'angoscia e del senso di colpa in "Scritti: 1921 –1958"* Torino, Boringhieri, 1978.
1957 *Invidia e gratitudine*. Firenze: Martinelli, 1969.

Kohut H.
1971 *Narcisismo e analisi del Sé*. Torino: Boringhieri, 1976.
1977 *La guarigione del Sé*. Torino: Boringhieri, 1980.
1978 *La ricerca del Sé*. Torino: Boringhieri, 1982.
1984 *La cura psicoanalitica*. Torino: Boringhieri, 1986.

Kirshner L.
2001 *"Narcissistic couplet"* in *The Psychoanalytic quarterly*, Hanover, Pennsylvania: The Sheridan Press.

Kligman M, Culver C.
1992 "An analysis of interpersonal manipulation" in *The Journal of medicine and philosophy* Apr; 17(2):173-97. Hanover: Department of Psychiatry, Dartmouth Hitchcock Medical Center,

Reich A.
1973 *Narcissistic object choice in women* in *Psyche*, Oct;27(10):928-48, Stuttgart German: Ernst Klett Verlag.

Risé, C.
2006 *Don Giovanni l'ingannatore. Trappola mortale per donne d'ingegno.* Milano: Frassinelli.

Shulman D, Ferguson G.
1988 "An experimental investigation of Kernberg's and Kohut's theories of narcissism" in
The British journal of clinical psychology / the British Psychological Society May;4 4(3):445-51. Division of the Social Sciences, Fordham University, College at Lincoln Center, New York.

Turco, R.
2001 "Child serial murder-psychodynamics: closely watched shadows", in *Journal of The American Academy of Psychoanalysis*, 29(2), 331–338.

Vaknin, S.
1999-2007 *Malignant Self Love: Narcissism Revisited.* Czech Republic: Narcissus Publications (self-published). ISBN 978-8023833843.

Viderman S.
1968 "Narcissism and object relations in the analytical situation" in *Revue française de psychanalyse* Jan-Feb; 32(1):97-126 Presses universitares de France.

Winnicott, D. W.
1957-1962 *Sviluppo affettivo e ambiente*, Roma, Armando Editore 2004

Witte TH, Callahan KL, Perez-Lopez M.
2002 "Narcissism and anger: an exploration of underlying correlates" in *Psychological reports* Jun; 90 (3 Pt 1):871-5, University of Texas, Sant'Antonio.

Promotion editoriale a cura del Collettivo Culturale Albedo per l'Immaginazione attiva. www.albedoimagination.com

Il presente libro si completa con il seguente
Manuale di auto-aiuto disponibile on line
http://www.lulu.com/shop/pier-pietro-brunelli/amori-
distruttivi-e-vampirizzanti-come-difendersi-e-come-
uscirne/paperback/product-22646438.html

www.ingramcontent.com/pod-product-compliance
Lightning Source LLC
Chambersburg PA
CBHW060635290526
45793CB00001B/251